ワードマップ

プログラム評価

対人・コミュニティ援助の質を高めるために

安田節之 著

新曜社

まえがき

プログラム評価とは何であるのか、なぜプログラムそしてその評価が必要なのか、どうやって評価を行うのか。これらの問いを方法論的な視点から掘り下げ、より良いプログラム評価実践のあり方を検討するのが本書の主な目的です。

対人・コミュニティ援助を目的としたプログラムは、保健・医療・福祉から教育・心理・産業組織の領域に至るまで、あらゆる領域で数多く実施されています。そして、それらのプログラムをただ単に実施するだけではなく、その内容や実施状況、効果の有無をしかるべき方法論によって検証・報告することが重要視される時代となっています。そのような時代の訪れは、「科学的根拠」や「説明責任」という言葉が日常的に用いられるようになったことにも象徴されていると言えるでしょう。これは社会科学を中心に発展してきた研究方法論が、学術的な領域を超えてますます社会に必要とされていることを意味しているとも読み取れます。

筆者は、大学院では主に心理・教育測定のトレーニングを受けましたが、そこで得た専門性を活かし、社会問題の解決や人間の福利（ウェルビーイング）の向上に何らかの形で貢献していきたいと常に願ってきました。これは、そもそも研究者を志した理由でもありましたし、そのような視点を持つことは、研究者として社会とつながっていくためのアイデンティティを築き上げてくれるものでもありました。

「プログラム評価」との出会いは、米国・ミズーリ大学カンザスシティ校（University of Missouri-Kansas City）のコミュニティ心理学研究科博士課程（Community Psychology Ph. D. Program）の大学院生の時に遡ります。この研究科は、コミュニティ心理学誕生のきっかけともなったスワンプスコット会議（Swampscott conference）への参加者の一人であるルビン（Bernard Lubin）教授が立ち上げたものであり、必修科目の1つに「Program Evaluation and Research Dissemination」（担当：Joseph Hughey 教授）という授業があったのです。この授業においてプログラム評価の重要性を認識したことが、すべての始まりでした。それまで学んできた心理・教育測定法や調査研究法が、様々な問題を解決するための社会サービスや教育プログラムの評価に応用可能なのだということを知り、実践に役立つ研究によって少しでも社会に貢献できるという、自身の研究の意義を見出せたことも大きな収穫でした。

ただ、そのような高い目的意識を抱きつつも、現実にプログラム評価のスキルが役立ったのは、大学院生として自立し米国生活を続けていくために必要だったリサーチアシスタントとしての仕事においてでした。何年経ってもネイティブスピーカーほどには流暢にならない英語で現地の大学院生と対等に渡り合い、生活費を稼ぎだすために、効果測定やプログラム評価のスキルはなくてはならないものであり、文字通りの〝サバイバル・スキル〟となっていました。

コミュニティ心理学研究科で1年間を過ごした後、心理・教育測定論とその応用法をより専門的に研究するためにペンシルバニア州立大学（Pennsylvania State University）に移ってからも、数々の測定法・研究法を学ぶ傍ら、リサーチアシスタントとしてプログラムのマネジメントと評価に携わってきました。なかでも、大学付属の教育技術サービス（Education Technology Services）におけるコースマネジメントシステムの効果測定、ワールドキャンパス（World Campus）での遠隔地教育の授業データのマネジメントと評価レポートの作成業務、予防研究センター（Prevention Research Center）での地域の児童・生徒の健全育成を目的としたCommunities That Care プログラムでのリサーチスタッフとしての経験など、ふり返ってみると、知らず知らずのうちに多くのプログラムの評価実践を行ってきました。

足かけ９年間にわたる留学生活を終え２００５年に帰国してからは、高齢化が加速する日本の地域コミュニティにおいて、地域参加促進を目的としたインフォーマルな住民活動の調査研究、介護予防などの社会福祉サービスの提供主体へのコンサルテーション、地域住民・自治体・大学の協働による生涯学習プログラムのマネジメントなどに直接関わる機会が増えました。それまでは出来上がった枠組み、つまり骨組みがしっかりとしたプログラムの中で方法論の専門家として関わることが多かったのですが、実際に対人・コミュニティ援助を行っている支援者やサービスの利用者と一緒に考え行動することになったのです。

しかし、実際のフィールドではプログラム評価というアプローチが一般的ではなく、方法論の専門家というだけでは通用しないことを思い知らされることになりました。プログラムが実施されている地域コミュニティや教育現場に出かけては、どうすれば自分の専門が活かせるのかと迷い、あげくの果てには、〝はたして自分は何をしに行ったのだろう〟と自問自答することもありました。それでも一部の実践家からは、提供しているプログラムやサービスの効果について、何をどうやって測定すればよいのか、サービスの質を高めるためにはどのような調査を行えばよいのか、といった質問を受けることが多々ありました。その質問に対して、〝介入の事前・事後でデータを取ってその差を分析して〟といった通り一遍の回答は思い浮かんでも、それが本当に求められていた回答なのか、サービスの質の向上につながるものなのか、確信が持てませんでした。

これらの経験で痛感したのは、フィールドで必要とされていたのは、測定法・研究法に関する限定的な説明ではなく、誰がどのようなプログラムを必要としているのか、提供されるサービスのゴールや目標は何であって、どのようにしたら行っている活動の流れや内容を明確化できるのか、そもそも良いサービスとは何でその質を決める基準は何なのか、といった〝目に見えない生き物〟とでも形容できるプログラムを包括的な視野で捉える考え方の枠組みであるのだということでした。そして、そのような考え方の枠組みを実践家と研究者とが共有することが、科学的な効果測定やエビデンスに基づいた実践（evidence-based practice）を促進し、最終的には、より質の高いサービスの提供につながるのではないか、と考え始めました。

本書では、このような問題意識を踏まえつつ、フィールドでの実践や提供されるサービスを幅広い視野から捉えることを可能にするプログラム評価について考えていきたいと思います。

本書の構成

まず第1部「プログラム評価とは何か」では、プログラムやサービスの概念およびプログラム評価という活動の内容について、定義を中心にみていきます。また、評価と従来の調査との違いや評価の目的、評価者に期待される役割についても、カバーします。

第2部「プログラムのプランニングとマネジメント」を通して、体系的なプログラムの実施のあり方についてみていきます。プログラムを効果的・効率的に実施するためには、利用者のニーズを適切に把握し、そのニーズをプログラムに反映したゴールや計画（〝プランニング〟）が必要になります。その際に、プログラムが及ぼす影響を理論化するインパクト理論とプログラムの運営形態をモデル化したロジックモデルが有用となります。これらの理論的枠組みやツールを用いたプログラムの運営（〝マネジメント〟）は、のちの評価およびアクションに大きく役立ちます。

第3部のテーマは、「プログラム評価の方法」です。プログラム評価の方法は多種多様ですが、それらは、実施中の評価に適しているプロセス評価と実施後の評価に適しているアウトカム評価とに大別できます。一般に、プロセス評価の目的はプログラムの実施内容や実施方法の改善のためのフィードバックであり、アウトカム評価ではプログラムの効果の確認が目的となります。また、評価方法の如何を問わず、重要なのは評価自体の道しるべとなる評価クエスチョンを設定することです。評価という営みの中で迷わないためにも、効率的な評価を行うためにも、評価クエスチョンの役割は大きなものになります。

プログラムの効果（アウトカム）の客観的根拠を示すためには、〝科学的〟な手法が必要となります。その科学的な手法の応用のベースとなる枠組みが実験デザインです。第4部の「実験デザインに基づく評価」では、まず客観的根拠（エビデンス）とは何か、という点について考え、〝原因〟となるプログラムと〝結果〟となるプログラムの効果の間に存在する因果関係の探り方を、比較、外生要因、ランダマイゼーションという関連概念を整理しながら検討します。また、プログラム評価に応用可能な実験・準実験評価デザインについても取り上げます。

第5部「評価実践の報告とスタンダード」では、評価実施後に得られた結果の報告と評価を行う上でのスタンダードについてみていきます。評価結果をまとめたテクニカルレポート（技術報告書）の形式は、報告する相手や用途によって異なります。ここでは、多くのテクニカルレポートに共通する項目について取り上げ、参考として具体的なアウトラインを提示します。最後に、主要な評価スタンダードである、実用性、実現可能性、正当性、正確性についてみていきます。

謝辞

本書は、平成21－22年度科学研究費助成金［若手研究（B）：課題番号２１７３０５６７］「心理教育・社会福祉サービス領域におけるプログラム評価実践に関する研究」の研究成果の一部として刊行されるものです。本書の執筆にあたっては、多くの方々にご支援頂きました。『プログラム評価研究の方法』（新曜社、２００８）を共同執筆させて頂きました慶應義塾大学大学院経営管理研究科の渡辺直登先生には、プログラム評価の方法論に関する多くのアドバイスを頂き、本原稿にも貴重なコメントを頂きました。また、コミュニティ心理学会の諸先生方には、学術的な刺激や研究を行う上での活力を頂き、本書をまとめる原動力ともなりました。この場を借りて厚く御礼申し上げます。

新曜社社長の塩浦暲様と編集部の髙橋直樹様には、本書の企画から刊行に至るまで多大なご協力を頂きました。特に、髙橋様は、いまだ発展途上とも言えるプログラム評価をどのようにしたら分かりやすく読者に伝えられるか、という点をつねに大切にした編集をして頂きました。改めて深謝申し上げます。

最後に、私事でありますが、何の役に立つとも知れない思いつきのアイデアを〝評価せずに〟いつも耳を傾けてくれる妻のみどりに、感謝の意を表します。

東日本大震災からの一日も早い復興を願って

２０１１年３月

安田節之

プログラム評価——目次

第3部　プログラム評価の方法

第4部　実験デザインに基づく評価

第5部　評価実践の報告とスタンダード

装幀＝加藤光太郎

第１部

プログラム評価とは何か

1-1　プログラム

普段何気なく見聞きし、使っている**プログラム**という言葉には、実に多くの意味が含まれています。プログラム評価とは何かを考えるためには、このプログラムという言葉が、何を指しているのかを明確にする必要があるでしょう。本書でプログラム評価について掘り下げていくにあたって、まず、プログラムおよび関連概念である**サービス**の意味について見ていきたいと思います。

1　プログラムとは？

プログラムというと、コンピュータのプログラミング言語や、それで書いたソフトウェアを指すことが多くあります。あるいは、テレビの番組表やフィギュアスケート競技のフリープログラムやショートプログラムを想像する人もいるかもしれません。また、演劇やコンサートの鑑賞用に内容を示したパンフレットのことをプログラムということもあります。プログラム（program）の語源は、事前に示された（“pro”）書き物（“gram”）であるため、今あげた例はこの語源をイメージさせるものではあります。

　しかし、プログラム評価の対象となるのは、そのようなコンピュータの指令機能やテレビ番組、パンフレットというわけではありません。ここで言うプログラムとは、「何らかの問題解決や目標達成を目的に人が中心となって行う実践的介入」のことを指します。これには、プログラムという名前を使用していなくても、**政策**、**施策**、**事業**、**プロジェクト**のように、人が中心となって活動や支援を展開するものも含まれます。これらは行政機関によるより体系化された枠組みのなかでは、政策レベル、施策・事業レベル、事務事業レベルというような三層構造として定義されています。

　さて、本書が扱うプログラムは、人が中心となって行う実践的介入であるという点を確認しましたが、それでは〝プログラムとは何か〟という本質的な問いへの答えとしてはまだ不充分と考えられます。非常にシンプルな問いですが、この問いは奥が深いものです。たとえば、営利・非営利を問わず企業や団体が経営を行っていくうえでまず大切であるのは、〝われわれの事業（プログラム）は何か〟について考えることだとされています。というのも、事業は、社名や定款や設立趣意書によってではなく、顧客が財やサービスを購入することにより満足させる欲求によって定義されるからです[1]。したがって、この問いに答えるには、顧客は誰で、彼らは何を求めているのか、を明らかにしなければならないのです。

　これを本書が扱うプログラムの場合に置き換えて考えてみると、問題やニーズを抱

［1］ P・F・ドラッカー『マネジメント：基本と原則』（上田惇生訳）ダイヤモンド社（2001, p. 3）、岩崎夏海（2009, p. 24）『もし高校野球の女子マネージャーがドラッカーの『マネジメント』を読んだら』ダイヤモンド社を参照。ここでは、〝事業〟としての高校野球を「観ている人に感動を与えるもの」と定義している。

えた人が**利用者**で、彼らはその問題の解決法や、ニーズを充足できる何か、つまりサービスという**付加価値**を求めているということになります。よって、この問題解決やニーズ充足という価値をもたらすものがプログラムということができるのです。[2]

2　サービスとは？

また、プログラムと同様に、顧客や利用者といった受益者に価値をもたらすものに、サービス（service）があります。サービスという言葉は私たちの生活により密着しているのではないでしょうか。たとえば、スーパーでのタイムサービスには、値引きするという意味があります。あるいは、〝これはサービスしておきますよ〟というように、無料という意味で用いられることもあります。[3]

しかし本書が扱うサービスは、さまざまな**対人・コミュニティ援助**のための**ヒューマンサービス**であり、より専門的に言うならば、提供者（援助者）から被提供者（利用者）に付加価値を与える行為や活動とすることができます。[4] ヒューマンサービスによって付加される価値（“added value”）は何であるのかについては決まった答えがありません。というのも、サービスによって付加された価値は、その消費者である受益者側さらに提供者側によっても定義され、一義的に捉えることは難しいからです。サービスやプログラムの価値およびその評価の基準については、後にくわしく見ていくことにします。

[2] ただし、ビジネスの「顧客」とヒューマンサービスの「利用者」には違いもある。対価を誰が負担するかという点である。モノやサービスの消費者である顧客はその対価を全額負担しているのに対して、ヒューマンサービスの利用者（受益者）はその料金を全額負担していない場合も多々ある。たとえば、レストランでの支払いはふつう全額自己負担であるのに対して、保健・医療・福祉サービスの利用者はその料金を一定割合負担し（例：3割や1割）、その他は保険料や税金で賄われる。

[3] しかしこれらは和製英語で、本来、値下げ（特価）は“on sale”、無料は“free of charge”である。

3　プログラムの見極め

プログラムがプログラムとして認識されるためには、その実施目的や目指すゴールが必要です。逆に、目的やゴールがしっかりと定まっていれば、どのような活動もプログラムと位置づけることができます[5]。これらの目的やゴールが、少なくとも間接的に、**健康**[6]（health）や**福利**（well-being）、**生活の質**（quality of life）の向上に関係しているプログラムが、本書が扱うヒューマンサービス領域のプログラムです。

多くのプログラムは、社会生活において個人や集団が抱える問題を解決するために実施されます。その中には、子どもの虐待、若年層を中心としたワーキングプアや高齢者の孤独死といったセンセーショナルにメディアに取り上げられる社会問題もあれば、子どもの健全育成、若者のキャリア支援、ワークライフバランス、生活習慣病の予防、高齢者の地域参加促進といった社会や地域で日常的に取り組むべき問題もあります。

プログラム実施の背景にある問題が深刻であればあるほど、プログラム自体の意義や重要性も増してくると考えられます。解決しようとする問題がプログラムのゴールとして高らかに掲げられ、その問題およびプログラムの存在がクローズアップされることもあります。逆に、もし問題自体が存在しない場合には、そもそもプログラムは必要ではなくなります。このように、問題の大きさとプログラムの存在意義は比例していると言えます。

[4] 第3次産業であるサービス業において「商品」としてのサービスのあり方を考えるサービス・マネジメントやサービス科学の領域では、サービスに関するさまざまな定義が模索されている。なかでも、モノである物理的商品と比べると、形がない「無形性（intangibility）」、提供者と顧客がサービス提供場面を共有して消費される「同時性(simultaneity)」、1つとして同じサービスがない「異質性（heterogeneity）」、店にも陳列できず在庫にもできず提供・消費されなければ失ってしまう「消滅性（perishability）」という4つの特徴がある。Gronross, C. (1990, p. 27) *Service management and arketing: Managing the moment of truth in service competition*. Lexington, MASS: Lexington Books.

[5] US General Accounting Office (1998) *Performance measurement and evaluation: Definitions and relationships*. (Document number GAO/GGD-98026).

プログラムを定義する上でもう1つ重要なのは、利用者側（サービスの受益者側）の視点です。利用者は地域社会や組織の一員として、日々の生活を送っています。社会生態学（social ecology）や生態学的心理学（ecological psychology）の言葉を借りれば、利用者は様々な関係性の中に〝埋め込まれている〟(embedded) ということになります。[7] よって、利用者が抱える問題も社会的文脈や地域・組織・家族といった様々な関係性の中に複雑に入り組んでいます。[8] そのような問題を解決する糸口が1つだけということはまずあり得ません。プログラム以外にも解決の方法はあるはずです。このように考えると、プログラムは利用者の生活や福利に貢献する一部分でしかないということになります。これが、利用者側から捉えたプログラムの存在です

一方、プログラムの運営側としては、利用者の福利のどの部分にどの程度貢献できたかを正確に知ることは、ニーズに合ったプログラムを効果的、効率的に運営していく上で大切になるでしょう。このように、プログラムを捉える視点は1つではないということをまず認識し、プログラムを見極めることが後に大きく役立ってきます。[9]

[6] ここで言う健康とは、WHO（世界保健機関）によって示された健康概念のように、身体的・精神的・社会的な健康のことを指す。

[7] Bronfenbrenner, U. (1979) *The ecology of human development.* Harvard University Press.

[8] 利用者の生活が地域社会に根差しておらず、無縁であるという問題もある。たとえば、安田節之 (2007)「大都市近郊の団地における高齢者の人間関係量と地域参加」『老年社会科学』28, 450-463.

[9] その際に役立つのが、プログラムの完成度についての見極めである。これを見分けるための参考として、次のような基本レベルから発展レベルまでのプログラムの分類が可能であろう。安田節之 (2010)「医学教育プログラムの評価：評価モデルと方法論からの考察」第36回 医学教育セミナー（於：東邦大学）。

1-2 評価

評価と聞くと何を思い浮かべるでしょうか。学校での学力テストによる成績評価や通知表でしょうか、仕事での業績評価でしょうか。芸術品や骨董品などの評価額でしょうか。あるいは、ホテルやレストランなどの格付けなどの評価を想像する人もいるでしょう[1]。

昨今では、政権交代後の民主党が中心となった事業仕分けの模様が連日ニュースで報道されたのは、記憶に新しいところです。この事業仕分けでは、事業の必要性から予算の使用法まで、様々な面に関する議論が交されました。このように大規模な国レベルでのものではなくとも、自治体や教育機関等が提供するあらゆるサービスやプログラムに関する有効な評価システムや評価方法が求められている時代と言えるでしょう。

1 評価の視点

評価には、物の良し悪しや成績等の優劣を判断するという意味があります。

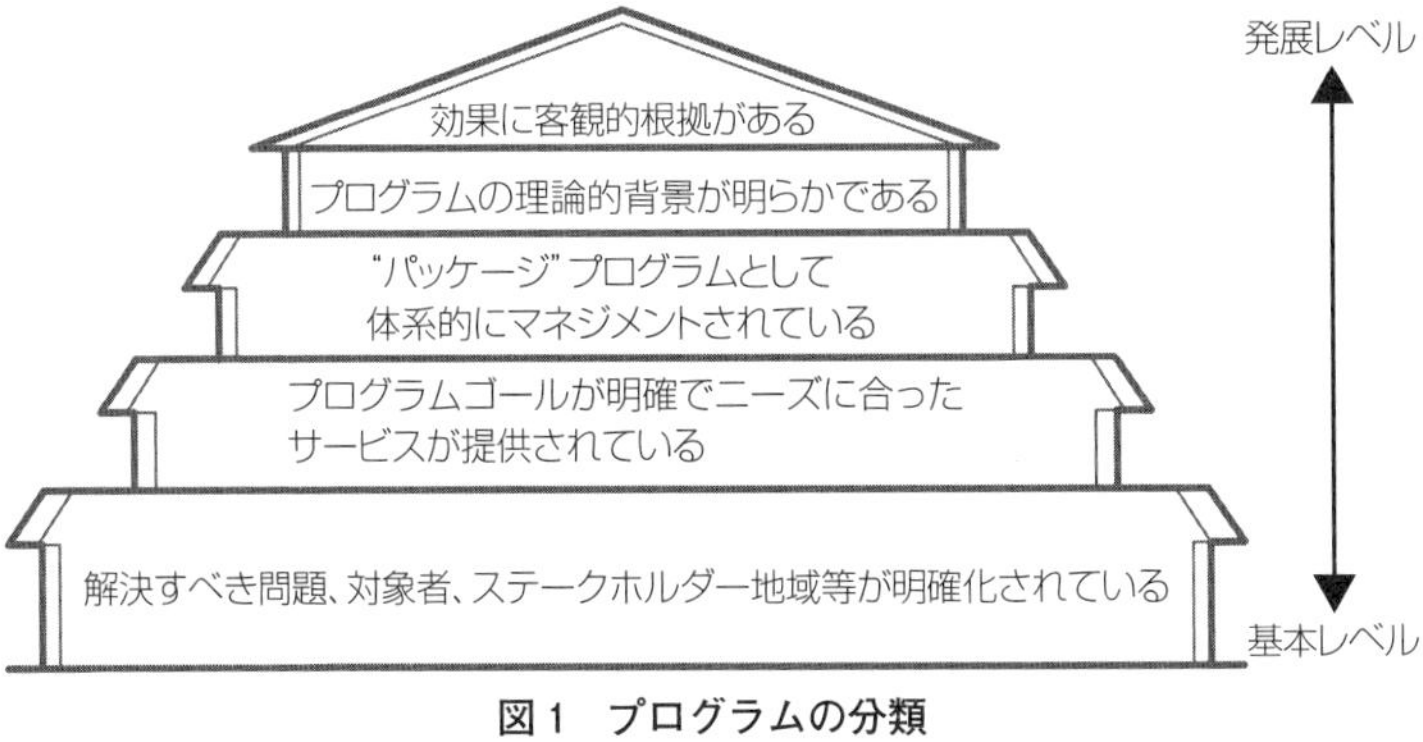
発展レベル
効果に客観的根拠がある
プログラムの理論的背景が明らかである
"パッケージ"プログラムとして
体系的にマネジメントされている
プログラムゴールが明確でニーズに合った
サービスが提供されている
解決すべき問題、対象者、ステークホルダー地域等が明確化されている
基本レベル

図1 プログラムの分類

また、物の値打ちを貨幣価値（価格）によって定める意味で、評価という言葉が用いられることもあります。評価は英語では**エバリュエーション**（evaluation）となります。ここには「**価値**」を意味する“value”が含まれています。これは、評価と価値は表裏一体であることを象徴しています。価値の問題抜きに評価は語れないということです。

学術的な意味における評価は、あらゆる研究領域を包含する上位概念と言えるでしょう。[2] 関連する領域は、政策科学や社会科学はもとより、教育、保健・医療・福祉・健康領域、産業・ビジネス、社会保障に至るまで、とても幅広いです。また、評価と名のつく学問・研究体系には、たとえば、教育に特化した**教育評価**、政府や自治体が行う政策を対象とした**政策評価**などがあります。

2　プログラム評価の定義

次に本書のメインテーマである**プログラム評価**の定義について見ていきたいと思います。[3] プログラム評価とは、端的には文字どおり、対象となるプログラムを評価することですが、より深くその全体像を理解するために、これまで理論家によってどのような考え方が提示されてきたかを見てみましょう。

対象となるものの価値を査定するのが評価の意味だとして、これをプログラム評価の説明に当てはめると、プログラムの価値を査定すること、となります。この捉え方

[1] たとえば、レストランガイドで有名なミシュランでは、素材の質、調理技術、味付け、独創性、コストパフォーマンスといった評価基準が設定されたという。

[2] たとえば、佐々木亮（2010）「プログラム評価の基本的枠組み」医学教育学会第42回大会パネルディスカッションⅣ　教育プログラム評価。くわしくは日本評価学会ＨＰ（http://evaluationjp.org/）を参照。

[3] “評価の対象”は幅広いが、ここではその対象をプログラムとした場合の定義について見ていく。

をしたスクリヴェン（M. Scriven）は、評価を以下のように示しました。[4]

> 評価とは、方法論的な活動により実績データを目標値と照らし合わせることである。

[4] Scriven, M. (1967) The Methodology of Evaluation. In R.E. Stake et al. (Eds.) *Perspectives on Curriculum Evaluation.* AERA Monograph Series on Curriculum Evaluation (No.1).

評価を行うためには、評価基準となる物差しが必要となります。この定義においては、目標値が物差しです。プログラムには目的やゴールがなくてはならないため、具体的な目標値がよく設定されます。この目標値が達成されたか否か、またはそれがどの程度達成されたのかを評価することにより、プログラムの〝値打ち〟が決定されるという定義です。

しかし、逆説的に聞こえてしまうかもしれませんが、プログラムに明確なゴールが設定されていなかったり、心理臨床や福祉サービスのように、利用者のニーズによって個別の目標設定がなされていたり、プログラム全体としての目標値が存在しなかったり、あっても無意味な場合もあります。その際に必要となるのは、目標値という狭義な基準ではなく、より広義な評価基準です。スクリヴェンは後に評価の定義を以下のように示しています。

> 評価とは、物事の価値を判断するプロセス、またはそのプロセスの結果生じる生

産物である。[5]

プログラムの価値にさらに重点を置いたこのような定義は、スクリヴェンを始めとした理論家によって形成され、価値の付与（assignment of value）、つまり**価値づけ（valuing）のための評価**と位置づけられています。

また、価値づけのための評価以外にも、プログラム評価のルーツをたどっていく上で重要となってくるのが、**方法論**（methods）を中心に据えた評価体系と、理論主導の評価体系、評価結果等の**利用**（use）を中心に据えた評価体系です。[6] 以下では、それぞれの体系がどのように定義されるのかを見ていきたいと思います。

まず、方法論を重視したプログラム評価の根幹をなすものが、フィールドでの実験や調査といった方法を用いた効果の実証です。後にくわしく見ていきますが、実験的な評価手法を使い、因果関係を説明しようとするものや、より広い視野に立ち、社会探索・探求（social inquiry）の視点からプログラムの効果を提示するものもあります。

方法論を重視したプログラム評価を展開し、社会科学的なアプローチによってあらゆる分野に評価を根付かせたのがロッシ（P. H. Rossi）で、彼は以下のように定義しています。

[5] ここでの「価値」は、merit, worth, value を意味する。Scriven, M.（1991, p. 139）*Evaluation Thesaurus*（4th ed.）. Sage publication.

[6] Alkin, M. C. and Christie, C. A.（2004）An evaluation theory tree. In M. C. Alkin（ed.）*Evaluation roots: Tracing theorists' views and influences*. Sage publication（pp. 12–65）.

> 評価とは、社会調査の方法を活用し、社会プログラム等による介入の効果を体系的に研究することである。これらのプログラムは、政策的・組織的な文脈・環境において用いられるものであり、社会状況を改善するためのソーシャルアクションの情報源となるものである[7]。

この定義でまず強調されているのが、介入の効果に対する**体系的**（システマティック）**な評価**です。１９７９年に初版が出版されて以降、版を重ねてきたロッシらの著書『Evaluation：A systematic approach』のサブタイトルにもあるように、評価を場当たり的ではなく、システマティックに実施することの重要性が強調されました[8]。

この定義では、プログラムが存在する領域として、あらゆる社会的文脈や環境が挙げられていますが、これらは人の生活が営まれている文脈や場面設定そのものであると言えます。そして、プログラムはそこでの福利や生活の質に直接的・間接的に関係しているということをこの定義は意味しています。

さらに、プログラムが人間の福利や生活の質の向上に関係している以上、個人や社会的状況を改善するためのアクションに結びつかなければなりません。この定義では、評価はそのようなソーシャルアクションの情報提供に用いられるものである、と締めくくっています。ここでは、先にみた価値の査定を主目的としたシンプルかつ評価の真髄をついた定義よりも、評価の最終目的の点で、社会的状況の改善というアク

[7] Rossi, P.H., Freeman, H.E., & Lipsey, M.W. (1999, p.4) *Evaluation : A Systematic Approach* (6th ed.). Thousand Oaks, CA : Sage.

[8] 体系的な評価（systematic evaluations）とは、「社会科学によって確立されたアプローチによって妥当性と信頼性のあるエビデンスを蓄積するための基本的なアプローチを用いたものである」とし、評価にあたっては、評価結果の反復可能性、介入が存在しない場合との比較、プログラムの効率性という3つの側面を考慮するとされている。Rossi, P.H., Freeman, H.E., & Wright, S.R. (1979, pp.31-32) *Evaluation : A systematic approach*. Beverly Hills, CA : Sage. また体系的な探究（systematic inquiry）は、アメリカ評価学会の評価者のためのガイドラインの1つとしても取り上げられている（1-5参照）。

ション志向が強いものとなっていることが分かります。

他に方法論を重視したプログラム評価の理論家のなかにウェイス（C. Weiss）がいますが、彼女は次のように定義しました。

> 評価とは、プログラムや政策における働きと結果の体系的な査定であり、明確化された基準、あるいは明確ではなくとも潜在的な基準と照らし合わせることにより、これらのプログラムや政策の向上に貢献するための手段である。[9]

この定義で特徴的なのは、プログラムの〝働きと結果を体系的に査定する〟、という点です。これはのちに説明するプロセス評価とアウトカム評価を含む包括的な定義といえます。またこの定義では、評価はプログラムや政策の向上のための手段であるとされており、先にみたロッシのものと同様に、評価の本来の目的は、現在の状況の改善であることが強調されています。

次に、理論主導による評価について見てみたいと思います。評価に厳格な方法論を用いることは確かに重要ではあるものの、それに頼りすぎるあまりに、肝心のプログラムの中身や構造にまで関心が行き届かない場合には、得られた効果の意味をしっかりと解釈することは難しいでしょう。このような方法論を重視する、いわば方法論主導による評価に対して、プログラムの理論的背景を重視する**理論主導の評価**（theory-

[9] Weiss, C. (1998, p.4) *Evaluation : Methods for studying programs and policies* (2nd ed.). Printice Hall.

driven evaluations）を提唱したのがチェン（H. T. Chen）です。[10] ここで評価は、次の2つの目的のために、体系的にエビデンスを収集することと定義されました。

① 介入、実施環境、そしてアウトカムを含む規範的なプログラムの構造と、実際のプログラムの構造との適合性を査定する。

② プログラムの効果（インパクト）、効果の背景にある因果関係のメカニズム、効果の一般化可能性の程度を証明する。

また後にチェンは定義を以下のようにシンプルにしています。

プログラム評価とは、プログラムを体系的に査定し、プログラムの計画、実施、効果を向上するために、評価のアプローチ、テクニック、知識を応用することである。[11]

最後に、評価結果そして評価のプロセスを有機的に使用すること、すなわち利用（use）に重きを置いたパットン（M.Q. Patton）の定義を紹介します。[12]

プログラム評価とは、プログラムの活動、性質、アウトカムの情報を体系的に収

[10] Chen, H. T. (1990, p.38) *Theory-Driven Evaluations*. Sage publication.

[11] Chen, H. T. (2005, p.3) *Practical program evaluation : Assessing and improving planning, implementation, and effectiveness*. Sage publication.

[12] Patton, M. Q. (1997, p.23) *Utilization-focused evaluation* (3rd ed.). Sage publication.

集し、当該プログラムについて何らかの判断を下し、プログラム介入による効果の改善を行い、将来のプログラムについての決定を行うことである。

この評価は、評価結果の実用性を重視したため、**実用重視の評価**（utilization-focused evaluation）とされましたが、この評価形式には、実に様々な特徴があります。それらについては、後にくわしく見ていきたいと思います。

以上、プログラム評価に関する代表的な定義について見てきましたが、これらの定義を正確に理解することにより、より有意義な評価のターゲットや方法論を絞り込むことが出来るのです。

1-3 調査との違い

これまで、プログラムそして評価とは何か、ということにフォーカスを当ててきました。しかし、そもそもプログラム評価という領域は、社会科学における調査や実験といったリサーチの領域とはどこがどう違うのでしょうか。

調査でも評価でも、定量的・定性的なデータが収集・分析され、結果が報告書等にまとめられます[1]。場合によっては、学術集会で発表したり一般向けに公開したりもします。さらに評価の具体的な作業として、社会調査の方法が用いられるものもあります。このように考えていくと、調査と評価の境界線がますます曖昧になってきます。

しかし両者は、**探求の焦点**、**結果の一般性**、**重要性の基準**という3つにおいて異なると言われています[2]。以下ではこれらについて見ていきたいと思います。

1 「探究の焦点」の違い

まず、調査と評価では探究の焦点が違います。**社会調査**や**心理実験**では、収集されたデータや情報をもとに考察が行われ、新しい知見や法則性を発見することに主眼が

[1] 調査法の詳細については、斎藤嘉孝（2010）『ワードマップ 社会福祉調査』新曜社を参照。

[2] Popham, W.J. (1993) *Educational evaluation* (3rd ed.). Needham Heights, MA: Allyn and Bacon.

置かれます。そのため、既存の理論や知見から仮説やリサーチクエスチョンが生成され、データでの実証により答えが導き出されます。

一方の評価においては、得られた結果は実務レベルでの意思決定や、政策や方針といったポリシーレベルにおける決定およびアクションに用いられます。よって、評価ではデータの考察はあくまで手段であって、目的はその先の意思決定・アクションにあると言えます。

2　「結果の一般性」の違い

通常、調査ではデータによってものごとの間の相関性や因果関係が検討されます。また調査では、予想通り（または予想に反して）関係性が明らかになった際に、それが他の母集団、場面設定、社会的文脈においてもあてはまるか、という一般化可能性[3]についても考察します。

評価の場合にも、プログラムが利用者にどのようなメリットを示したか、つまりプログラムに効果があったのか、もしなかったのならどの要因に問題があり、どうやってその問題を解決すればよいのか、という点を考察するために、相関性や因果関係の分析が行われます。しかし調査と違い評価では、分析によって明らかにされた関係性が他のプログラム、母集団、社会的文脈でも成立するか否かについての判断は、当該プログラムについての判断や意思決定と比べると、かなり優先順位が低くなります。

［3］実験心理学（experimental psychology）の枠組みにおける外的妥当性（external validity）にもあたる。

これは、支援の対象である〝目の前〟の利用者や利用グループへのプログラム介入やサービス提供の改善が最優先される以上、当然と言えば当然です。

もちろん、大規模な評価プロジェクトなどにおいて、エビデンスベイスト・プログラム（あるいは政策）を見極める場合には一般化可能性はとても重要です。しかし、小規模・中規模クラスのプログラム（スモールスケール・ミディアムスケールプログラム）の評価、特にプログラムの改善・質向上を目的とする場合には、結果の一般化可能性は二の次になると考えてよいでしょう。

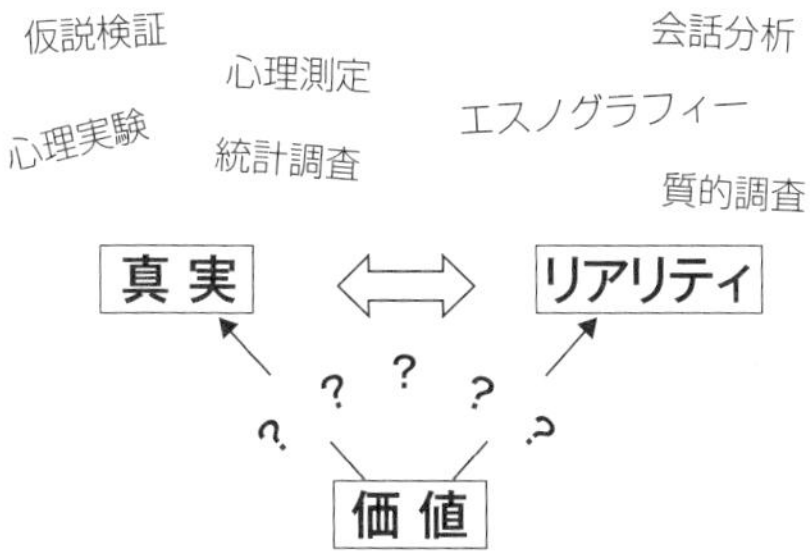

図1　調査と評価の視点の違い

3　「重要性の基準」の違い

さらに、調査と評価では、〝何に重きを置くか〟という視点が違います。図のように、**仮説検証**や**統計調査**といった定量的調査の場合、何が本当なのかをとことん突きつめた結果、究極的に現れるひとつ（または複数）の〝真実（truth）〟が探究されます。あるいは、エスノグラフィーや会話分析といった質的調査の場合には、データを解釈しそこにある〝リアリティ（reality）〟に注意が注がれます。[4]

一方、評価では、その対象となるプログラムの価値

［4］安田節之（2010.7）「実践活動を補完する評価の視点」第13回日本コミュニティ心理学会 研究・研修・倫理委員会合同企画ワークショップ「今、なぜプログラム評価なのか」於：立教大学。

表1　調査と評価の比較

	調査	評価
探求の焦点	考察	決定
結果の一般性	高	低
重要性の基準	真実	価値

が、実施の文脈や現状というフィルターを通して査定されることになります。したがって、プログラムについての真実やリアリティを追求するというよりは、そのプログラムが〝良かったのか（good）、悪かったのか（bad）〟という視点[5]、そして場合によっては〝正当であったのか（right）、公平であったのか（fair）、公正であったのか（just）〟という視点[6]も含めた、価値判断に力点が置かれます[7]（上図）。

[5] Scriven, M.（1986）*New frontiers of evaluation.* Evaluation Practice, 7, 7-44.

[6] House, E.（1993）*Professional evaluation: Social impact and political consequences.* Sage publication.

[7] Alkin, M. C., and Christie, C. A.（2004）*An evaluation theory tree.* In M. C. Alkin（ed.）*Evaluation roots: Tracing theorists,* views and influences（pp. 12-65）. くわしくは、Popham, W. J.（1993）*Educational evaluation*（3rd ed.）. Allyn and Bacon. を参照。

1-4 評価目的

そもそもなぜプログラムの評価が必要となるのでしょうか。社会の福利や生活の質の向上といった目的をもつプログラムは、経済的利益を追求する企業の経済活動とは明らかに質が異なります。利益は貨幣価値を反映した明確な数字として表れてきますが、プログラムが人に与える影響はそう簡単には現れてきません。仮にもし現れてきたとしても、それを正確に測ることは困難です。これは、プログラムの多くが利用者の健康や福利というそもそも貨幣価値に置き換えにくいものをターゲットとしているからです。

結果が貨幣価値では表せないのであれば、プログラムの実施者が最善をつくして利用者を支援し、結果が後からついてくるのをただ待てばよいのではないか、という議論が出てきてもおかしくありません。この考え方に従うと、結果を評価する必要もなくなりそうです。

しかし、プログラム実施のために必要となる人的・経済的な資源は、自然発生的に出てくる訳ではありません。誰かから何らかの形で提供されるものです。多くの場合、この〝誰か〟にあたる人々は、**ステークホルダー**すなわち資源や評価結果に対して利害（stake）をもつ人（holder）なのです。よってそのステークホルダーに対して、プログラムの資源がどのように使用され、どのような効果をもたらしたかを明示する必要があります。ここに、**アカウンタビリティ**（accountability）の必要性が生じるのです。

1　アカウンタビリティのための評価

アカウンタビリティとは、行った活動や行為（例：プログラムの実施）に対して説明する責任を負っている（responsible）という意味で「説明責任」と訳され、政治の世界を始め、あらゆる場面で使用されています。[1]

(1)　プログラム評価におけるアカウンタビリティ

プログラム評価に限定して言うと、プログラムの実施者あるいは評価者は、プログラムに投入された資源がどのように使用され、どのような効果を生み出したのか、ということの説明責任を負っているということになります。正当かつステークホルダーを納得させられるアカウンタビリティを果たしてこそ、プログラムの価値や存在意義が確認されることにつながるのです。

アカウンタビリティが特に重要になるのが、社会プログラムや公共サービスを実施

[1]「説明責任」と翻訳されたアカウンタビリティは、多様な意味を含む歴史的概念であると同時に、いまだに発展している概念であるとされる。アカウンタビリティおよびそれを要求される側（たとえば、行政担当者）の評価に対するジレンマについての説明は、山谷清志（2006）『政策評価の実践とその課題：アカウンタビリティのジレンマ』（第8章：政策評価とアカウンタビリティのジレンマ）萌書房にくわしい。

する国や自治体においてです。これらには、多くの税金が投入されているため、プログラムが効率的な運営を行っているか（非効率な運営を行っていないか）、実際に成果をあげているか、などを具体的なデータとして提示し、納税者である国民というステークホルダーに対して十分に説明することが必要とされているのです。

　その一方で、国や自治体の実施するプログラムやヒューマンサービスに関わる専門家、特にフィールドでの支援者においては、現状として、このアカウンタビリティの視点はそこまで優先されない場合もあります。少なくとも、カウンセリング・スキルや福祉援助技術の向上といった視点に比べると、まだ注目度や必要性が低いと考えられています。それは、支援を必要としている利用者に〝プロフェッショナル〟として熱心に向き合うことが、支援者としての本質的かつ最も重要な職業倫理と考えられているからです。利用者へのサービス提供の実績は、企業の売上実績と同じレベルで考えることができないのはもっともなことでしょう。

　しかし、先にもみたように、利用者へのサービス提供には、支援者の存在や専門的スキル以外にも様々な資源が必要となります[2]。これらがプログラムに投入されてはじめて、利用者にサービスが提供できるのです。プログラム全体をマネジメントする立場に立つと、これらすべての資源を総括しステークホルダーに報告するアカウンタビリティが問われます。よって、プログラ

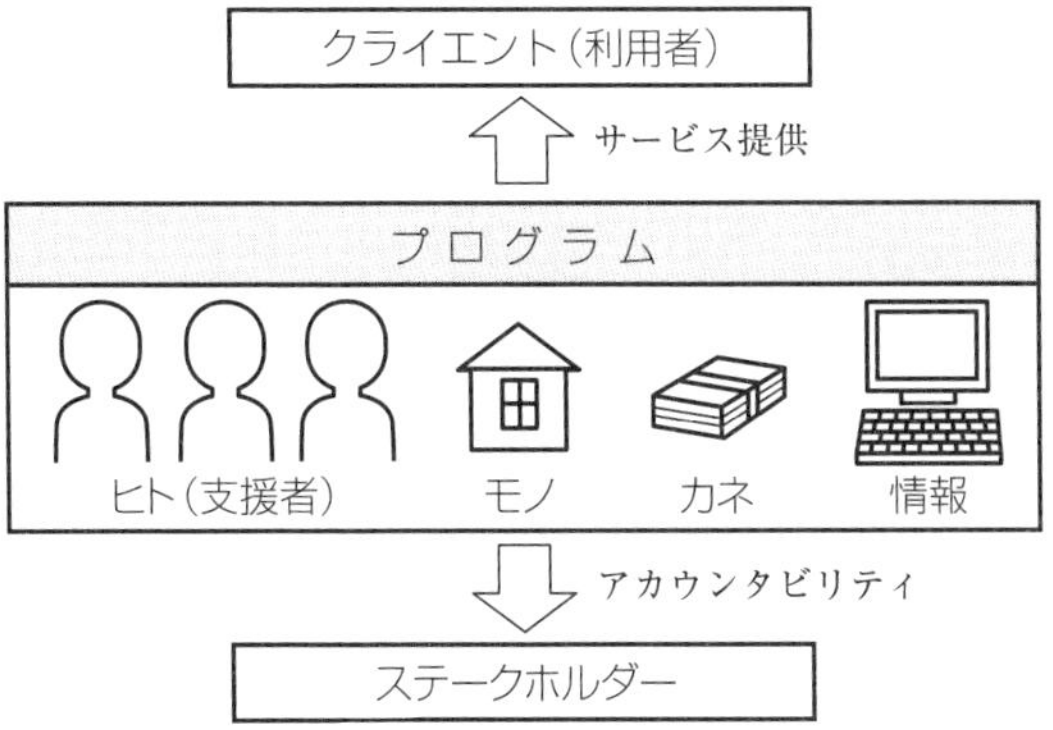

図1　プログラムの各側面

[2] よって、サービス提供を利用者の支援という側面だけでなく、包括的な視野、つまりプログラムという視点から捉えることが大切なのである。

ムをサービス提供とアカウンタビリティという2つの側面から見ていくことが重要となるのです[3]（図1）。

(2) アカウンタビリティ・ムーブメント

〝アカウンタビリティ・ムーブメント〟とも言えるアカウンタビリティ重視の傾向のきっかけを作ったのが、米国連邦政府の**政府業績成果法**（GPRA：Government Performance and Results Act）です。この米国GPRA法は、そもそも税金で運営されている国レベルのプログラムが、無駄や非効率性により、米国民の真のニーズを反映できていないのではないか、そしてプログラムの効果は本当にあるのか、という疑問点をふまえてのものでした。

このような状況において、政府機関などプログラムの運営側には、より体系的なプログラム・マネジメントが求められるようになりました。具体的には、①プログラム介入に関する戦略的計画（strategic plan）および取り組むべきミッション（mission）を明確化した上で、②プログラムの戦略的ゴール（strategic goals）を策定し、③戦略的計画と戦略的ゴールを達成するための具体的な実施計画（performance plan）、業績目標（performance goals）、業績指標（performance measures）を作成し、④国民を代表とするすべてのステークホルダーに対して説明責任を果たすことが義務づけられたのです[4]。

[3] 対人援助職が提供する援助は、クライエントと支援者との関係性だけで成り立っているのではなく、プログラムを構成するその他のモノ、カネ、情報も含まれているのである。

[4] US General Accounting Office (1998) *Performance measurement and evaluation: Definitions and relationships.* (Document number GAO/GGD-98026).

日本においても、中央省庁改革のかなめとして、２００２年４月に行政機関が行う政策の評価に関する法律（**政策評価法**）が施行されました。そこでも、各省庁が行う政策の効果を把握し、政策の有効性・効率性・必要性を客観的に評価し、政府による効果的な運営を推進するとともに、ステークホルダーである国民に説明する責任がある、つまりアカウンタビリティ重視の傾向が指摘されました。このように、アカウンタビリティのための評価は、大規模なプログラムや政策において、より重要性が増すのです。

２　プログラムの改善・質向上のための評価

プログラム評価には、プログラムの改善・質向上という目的もあります。プログラムを改善しようとすればまず考えるべきは、個々の実践を改善することでしょう。特に、ヒューマンサービス領域における**対人援助職**（たとえば、臨床心理士やソーシャルワーカーなど）が活動の質を向上するためには、自らの活動を客観視することが必要です。経験や勘は実践に欠かせないものであることは確かです。しかし、経験や勘あるいは技というのは主観的なものであるため、それらにのみ頼るのでは自身の実践を突き放して正確に振り返ることは難しいでしょう。

失敗あるいは成功から何を学んだのかを明らかにし、失敗した場合にはその原因は何か（例：初めてのケースだったからなのか、それとも支援の計画が根本的に間違っていたのか）という点を、データに基づいて振り返り、必要があれば他の支援者と共有し助言を求めることは、自身の実践を客観視することにつながります。このような個々の振り返りが集積され、プログラムの改善・質向上そしてより大きなプログラムへのスケールアップにつながっていく訳です。

　そのような場合、評価活動は実践活動を〝補完〟する役割を果たすことになります（図2）。その第一歩として、プログラムという観点から自らの実践を捉える作業を行い、自らが関わっているプログラムは何であり、それにはどのような目的が存在し、自身の活動がプログラムの中のどこに位置づけられ、どのような実践そして効果が期待されているのかといった点について、実践活動を再認識する必要があります。このような作業が後にプログラム全体としてのサービスの質の向上につながるのです。

(1) プログラムの質向上への視点

　一口にサービスの質の向上といっても、その対象や方法は様々です。たとえば、ケースレベルでの支援（例：ケースワーク）とグループレベルでの介入（例：心理教育プログラムの実施）では、何をもって質が向上したとするのかに違いがあります。その場合、次のような視点を用いるとより焦点が定まりやすくなります[5]。

①プログラムがどのような参加者に効果があり、どのような参加者に効果がない

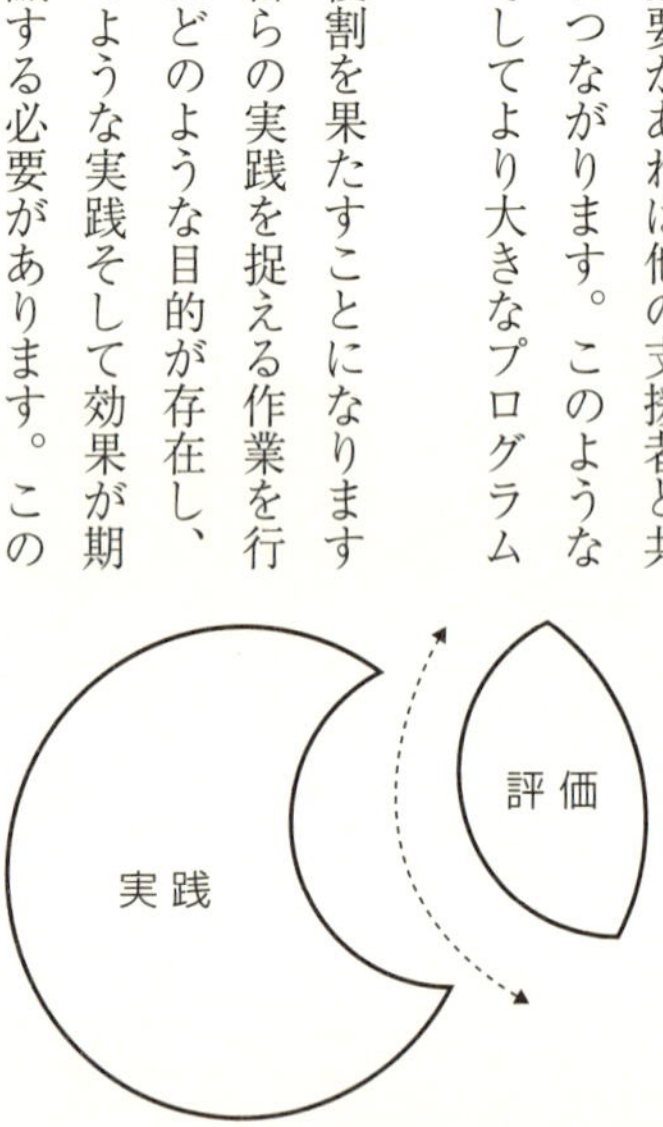

図2　実践と評価

[5] Patton, M.Q. (1997) *Utilization-focused evaluation* (3rd ed.). Sage publication.

のか（効果の特殊性）

② 利用者の満足度はどうか、利用者が好むものは何で、好まないものは何か（利用者の満足度とプログラムへの期待）

③ 実施した環境や実施の雰囲気や風土はプログラムの効果を最大限に引き出せるものか（実施環境や状況との関連性）

④ プログラムが本来意図しない否定的あるいは肯定的な効果は存在するか、否定的効果への対処法、肯定的効果を体系的に生じさせるようなプログラムの改善案は何か（意図しない効果への対応）

(2) ステークホルダーの存在

先述のとおり実際問題として、〝プログラムがうまくいっているのか〟、を問うて判断するのは、ステークホルダーである場合が多くなります。この疑問に答えるためには〝利用者に効果が現れているか〟という根本的な問いを皮切りに、改善すべき点があるとすればそれは何か、利用者やプログラムの運営環境等に予期せぬ悪影響はあるか、運営スタッフのサービス提供の仕方は適切であるか、運営コストと利用者への効果との費用対効果はどうかといった点まで、あらゆる切り口からの問いが必要になってきます。

利用者に確実に効果が現れているものの、コストがかかりすぎるのでは、運営上の問題に直面するでしょう。よって、相応なサービス内容や提供方法を考えなければならなくなるかもしれません。また、意図したサービスが利用者に提供できていない、あるいはサービスは行き届いているものの効果が確認できない場合には、サービスの量を増やす、提供期間を長くする等の軌道修正が必要になります。これらすべてに、意思決定が伴います。そして、ステークホルダーの決定内容次第では、プログラムに関わるすべての人々に影響を及ぼすことになります。このような重要な意思決定に関わるステークホルダーの存在は、あらかじめ明らかにしておくことが評価者として賢明です。

特に、教育機関や産業領域で頻繁に実施される小規模・中規模プログラムに関しては、ステークホルダーは誰なのか、という点が見えにくく、かつ明らかにされていない場合が多くあります。よって、プログラムの舵取り役である運営責任者だけでなく、そのプログラムのステークホルダーすべてを確認する作業が有用なのです。[6]

(3) 意思決定の影響

プログラムに関する意思決定の影響が顕著に現れるのが、トライアル（試行）段階あるいは実施初期段階にあるプログラムです。ここでは、プログラムを今後どうするか、つまり、継続的に実施していくのか、拡大するのか、縮小するのか、あるいは中止するのかが判断されます。これらの判断はプログラムのパフォーマンスによるとこ

［6］ステークホルダーの分析によって明らかにされない〝予期せぬ〟ステークホルダーが存在する場合があるのも事実である。そのステークホルダーも意思決定に影響を及ぼすことになる。

ろが大きいでしょう。

もちろん、本格的な導入がすでに決まっていて、その前段階のチェックとしてプログラムが試行されることもあります。また、ニーズの種類によっては（例：医療ニーズや福祉ニーズ）、パフォーマンスの如何を問わず、継続されるプログラムもあるでしょう。

しかし、多くのケースではパフォーマンスが良く安定した効果が現れていれば、プログラムは維持・拡大されていき、逆に、コストばかりかかり、いっこうに効果が上がらないプログラムは、当然、縮小か中止が検討されます。このような意思決定がともなう場合、評価結果の影響は広くステークホルダーそして利用者に及びます。

一方で、縮小あるいは打ち切りが決定したプログラムに関しては、そこですべてが終了というふうにはいかないことも多くあります。利用者への影響を配慮し、代替案としてのプログラムや何か新しい取り組みによって、ニーズを抱える利用者へのフォローが必要になります。意思決定をともなう場合の評価では、このような点までもが守備範囲となるのです。

3　価値判断のための評価

スクリヴェンによる評価の定義は、プログラムに何らかの価値（バリュー）を付与する、つまり価値づけを行うことに主眼が置かれたものでした。ここでは、プログラ

［7］この点を強調するために、プログラムを〝エバリューアンド〟(evaluand) と呼ぶことがある。Scriven, M. (1991, p.139) *Evaluation Thesaurus* (4th ed.). Sage publication.

ムは価値を付与される対象です。[7] しかし、プログラムの価値はモノや商品のように値段で示されるものではないため、何をもってしてプログラムの価値とするのか、についての基準となるものが必要になります。

(1) 個人的メリットと社会的値打ち

価値判断の基準として考えられるのが、プログラムが個々の利用者にもたらす**メリット**(merit)です。利用者に高いメリットをもたらす活動は、プログラム全体として、**社会的価値**つまり**値打ち**(worth)があるもの[8]と判断されます。この場合、プログラムの価値判断を行うためには、利用者へのメリットと社会的価値という少なくとも2つの点を別々に考慮し、かつ統合させる視点が必要となります。

たとえば、社会福祉サービスやカウンセリングといった個別サービスを利用した利用者(クライエント)は、そのサービスを受けることによって何らかの価値(メリット)を得ることになります。身の回りの状況が改善する、よりよい生活が送れるようになる(生活の質が向上する)、心理社会的な問題が解決する、などがこのメリットにあたります。よってメリットは、プログラムの構成要因であるサービスの提供方法や質、そしてサービスを受ける利用者への効果のような個別単位に帰属するものと考えられます[9](図3)。

一方で、プログラムの側からすると、そのような個別(あるいはグループ)サービ

[8] 個人的なメリット(merit)に対する社会的な値打ち(worth)である。また厳密な価値判断の種類としては、本質(merit)、値打ち(worth)、意義(significance)の3種類に分けられる。佐々木亮(2010, p.8)『評価論理:評価学の基礎』多賀出版を参照。また関連文献として、Scriven, M. (1991) *Evaluation Thesaurus* (4th ed.). Newbury Park, CA: Sage publication. や Stufflebeam, D.L. and Shinkfield, A.J. (2007) *Evaluation theory, models, and applications*. Jossey-Bass. (Part 1. Fundamentals of Evaluation) がある。

[9] 安田節之(2010.7)「実践活動を補完する評価の視点」第13回日本コミュニティ心理学会 研究・研修・倫理委員会合同企画ワークショップ「今、なぜプログラム評価なのか」於:立教大学。

スを複数の利用者に対して行っていることになります。プログラムが質の高いサービスを提供することにより、総じて高いメリットを生み出すことができていれば、プログラム全体としての価値、つまり対社会あるいは対地域コミュニティにおける値打ちや重要性を意味する、社会的価値が増していくことになります。この社会的価値が認められて初めて、プログラムが様々な場面で活用されることになるのです[10]（図4）。

以上のように、価値概念は、少なくとも、メリットと社会的価値という二重構造をしており、これら両方を考慮することが価値判断に必要となります。そこで考えなければならないのが、メリットと社会的価値の関係性およびそれらの測定・評価の方法です。

(2) 評価の枠組み

まずメリットについてですが、ヒューマンサービス領域でのプログラム評価においては、プログラムが個々の利用者にもたらした効果として定義・測定することができます。つまり、〝価値判断のための評価〟という文脈においては、効果の測定が〝価値（メリット）の測定〟となるため、実験心理学や社会調査で用いられる定量的・定性的方法、あるいはミックスメソッドなどを方法論として用いることができます。よって、メリットの測定法については比較的多く存在すると考えてよいで

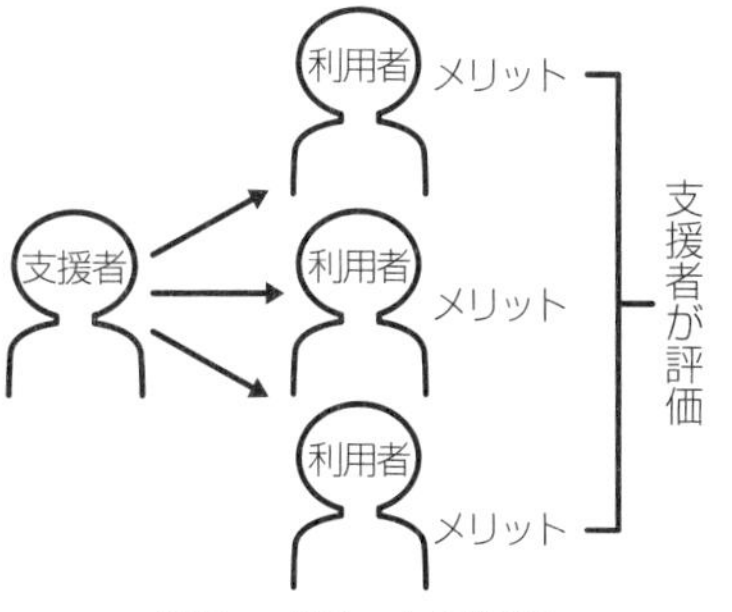

図3　メリットの評価

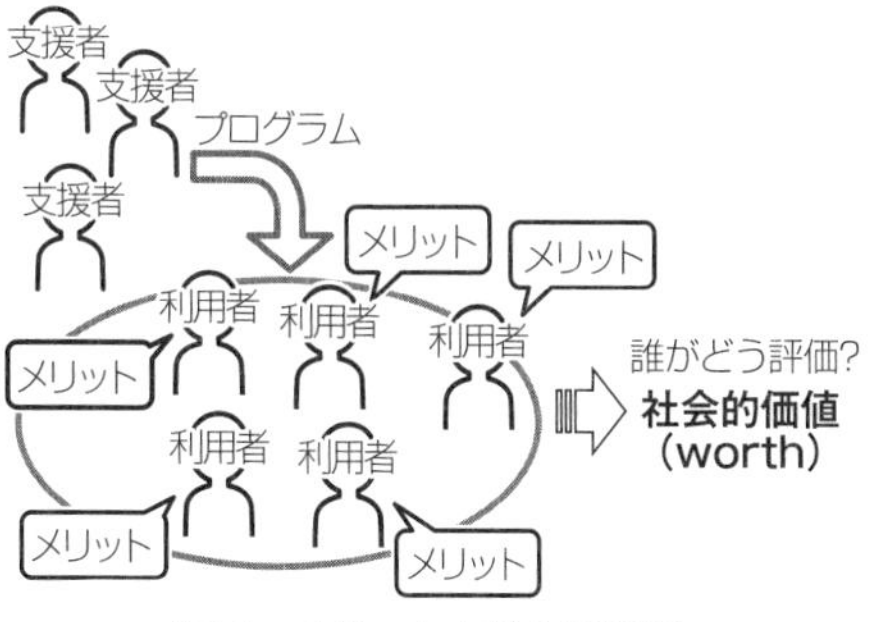

図4　メリットと社会的価値

しょう。

それでは、社会的価値の方はどうでしょうか。ここでまず明らかにしておく必要があるのは、個人的メリットの総和が社会的価値ではない、ということでしょう。つまり、「Σ〔メリット〕≠社会的価値」ということです。これは、利用者にとってメリットが多いプログラムが、社会的価値があるプログラムであるとは必ずしも結論づけられないことを意味しています。

多くのメリットを得られるであろうプログラムならば、全体としての値打ちも高いと考えることも可能です。しかし、必ずしもこの関係性が成立するとは限りません。先にもみたように、利用者へのメリットは大きいもののコストがかかりすぎるプログラム、社会的な意義や重要性、ニーズはあるもののプログラム全体としての効果を生み出せるかどうかが不明確なプログラムなどがその例です。

また、本来のメリットとは違う、意図しない効果・副次的効果が生じたプログラムもあります。たとえば、米国の有名なテレビ番組「セサミストリート」は、そもそも経済的に恵まれない子どもたちに読み書きを教えることを目的としたプログラムでした。しかし、実際にその番組を見たのは裕福な家庭の子どもだったという評価結果となりました。そのため、裕福な家庭の子どもとそうではない家庭に育った子どもとの学力の格差がより一層広がってしまいました[11]。はたして、このプログラムの社会的価値はどのように判断すればよいのでしょうか。プログラムを必要としているターゲッ

[10] ここでは、社会的価値を値打ち（worth）と意義（significance）を含む概念として扱った。社会的価値を判断する上では、社会的意義、社会的要請、緊急性、環境的規範、公共性、有用性といった多くの点が関わってくる。Patton, M. Q.（1997, p.65）*Utilization-focused evaluation* (3rd ed.). Sage publication.

[11] Shadish, W. R., Cook, T. D., & Leviton, L. C.（1991, p.47）*Foundations of Program Evaluation : Theories of practice.* Sage Publications.

[12] Shadish, W. R., Cook, T. D., & Leviton, L. C.（1991, p.47）*Foundations of Program Evaluation : Theories of practice.* Sage Publications.

ト（利用者）に正確に焦点を当てたサービスの提供を計画したとしても、必ずしも予定どおりの効果を上げられるとは限りません。

あるいは、プログラム自体の目的や社会的意義は高いものの、実施するにあたって大きな困難がともなうものもあります。たとえば、フェアウェザーら（G. Fairweather）によって行われた、精神障害者の地域への移行を支援する「コミュニティロッジ」というプログラムは、効果が上がりプログラムの価値は非常に高かったにもかかわらず、社会経済的状況つまりプログラム運営上の困難があったため、他の地域には取り入れられませんでした[12]。

(3) 価値判断の実際

一般に、プログラムの社会的価値を判断するのは、善かれ悪しかれ、国や自治体であり、マーケット（市場）でもあります。そしてどのように判断されるかも、データ（エビデンス）に基づいた判断以外に、社会経済的状況や意義などを踏まえた政治的判断からいわゆる〝自然淘汰[13]〟に至るまで、多くの要因によって決まるのが現状でしょう[14]（図5）。

プログラム評価の専門的見地からすると、評価を社会経済的状況や政治的判断あるいは自然淘汰といったものに委ねるのは、賢明な選択ではありません。価値の測定・評価方法は、やはり体系的であるべきです。以下では、この問題

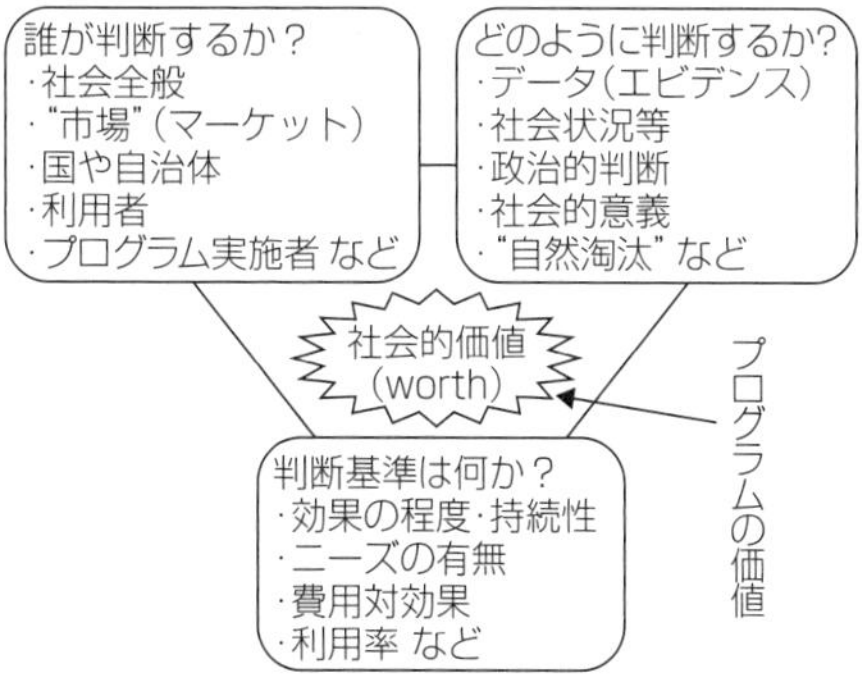

誰が判断するか？
·社会全般
·"市場"（マーケット）
·国や自治体
·利用者
·プログラム実施者 など
どのように判断するか？
·データ（エビデンス）
·社会状況等
·政治的判断
·社会的意義
·"自然淘汰" など
社会的価値
(worth)
プログラムの価値
判断基準は何か？
·効果の程度·持続性
·ニーズの有無
·費用対効果
·利用率 など

図5　価値判断の現状

[13] プログラムの世界における適者生存（"survival of the fittest"）とでも形容できるか。

[14] 安田節之（2010.7）「実践活動を補完する評価の視点」第13回日本コミュニティ心理学会 研究・研修・倫理委員会合同企画ワークショップ「今、なぜプログラム評価なのか」於：立教大学。

をメリットの次元と統合という視点から捉えた代表的な考え方[15]を紹介したいと思います。

まずメリットについてですが、これには5つの次元（dimensions）があるとされています。

① プロセス（process）
② アウトカム（outcome）
③ コスト（cost）
④ 比較優位性（comparative advantage）
⑤ 一般化可能性（generalizability）

①と②については、プロセス評価[16]とアウトカム評価[17]によって評価され、③は費用便益分析（cost-benefit analysis）あるいはパフォーマンス測定[18]などの方法を用いての評価が考えられます。最後に④と⑤については、1つのプログラムだけでなく、複数のプログラムの結果を照らし合わせて判断することになります。

特に⑤については、先駆的な**モデル・プログラム**（モデル事業）のメリットを正確にエビデンスとして提示し、国や自治体ベースのような、他の地域や社会的文脈でも採用する際に普遍性があるかどうかを確かめるために重要な視点となります。

[15] Scriven, M. (2004) Reflections. In M.C. Alkin (ed.) *Evaluation roots: Tracing theorists, views and influences*. Sage publication (pp. 183-195).

[16] 3－2参照。

[17] 3－4参照。

[18] 3－3参照。

また個々に評価されたメリットは、それらをただ足し合わせただけでは全体の社会的価値にはならないため、個と全体の関係性を規定する何らかの〝方程式〟が必要となります。その代表的なものに価値の統合があり、以下のような要因から成り立っています。

① 妥当性（validity）
② 有効性（effectiveness）
③ 効率性（efficiency）
④ 持続可能性（sustainability）

これらの要因は、プログラムの介入が適切に行われたか（妥当性）、効果が利用者に現れたか（有効性）、効率よく実施・運営されていたか（効率性）、そして効果およびプログラム運営が途切れずに持続していたか（持続性）に関する評価です。またそれぞれの番号は、評価統合に関する優先順位を示しており、これらを順番にクリアしていくことにより、A（非常に満足）、B（満足）、C（おおむね満足）、D（不満足）の4段階で評価がなされます[19]。

たとえば、すべての要因において評価が高ければ、Aという総合評価になります。一方で、優先順位が一番高い妥当性の評価が低ければ、その後の評価がどうであれ、

[19] 国際協力銀行（2006）「円借款事業評価報告書」の評価統合（synthesis of merit）の手続きである。くわしくは、佐々木亮（2009）「評価に関する3つの根本的な論争：内的妥当性、外的妥当性、評価論理に関する論争と日本の評価研究への示唆」『評価クオータリー』7, 29を参照。

自動的にDという総合評価になるという具合です。これらは、後にみるプログラムの理論的背景、プロセス評価の視点（例：効率性）、アウトカム評価の視点（例：有効性、持続性）が考慮されているという点で過不足のない評価統合の形式と言えます。

4　評価研究のための評価

プログラム評価を行う目的には、評価活動を通じてプログラムおよびその評価方法論について「研究」を行うことも含まれます。そもそもプログラム評価は、「特定の目的を持って設計・実施されるさまざまなレベルの介入活動およびその機能についての体系的査定であり、その結果が当該介入活動や機能に価値を付与するとともに、後の意思決定に有用な情報を収集・提示することを目的として行われる包括的な探求活動」と定義することもできます。[20] プログラム評価およびそれを包括的に研究するプログラム評価研究によって習得できる知識はとても多くあります。

(1)　評価研究によって得られる知識

たとえば、評価研究の対象は、プログラムの利用者の認知や行動であったり、プログラムの組織的・効率的な運営のための評価の利用法であったり、実験室とは異なるフィールドでの評価手法の開発であったり、プログラムという〝プラットフォーム〟を通じた研究と実践の有機的な関係性のあり方であったりします。これらを多角的に

[20] 安田節之・渡辺直登（2008, p.5）『プログラム評価研究の方法』新曜社。

検討することによって様々な知識の習得が可能となります。

評価研究を目的として実施される評価は、「評価の実践に関するもの」と「評価の方法論に関するもの」とに大別できると考えられます。前者には、たとえば、サービスの提供方法やデリバリーシステム、多職種とのコラボレーション（協働）による実践・評価活動の円滑化といったプログラム・エンジニアリング（program engineering）に関する研究があるのに対して、後者では2部で解説するインパクト理論やロジックモデルの開発や効果の検証法の開発などの社会科学の方法論をベースとした、評価メソドロジー（evaluation methodology）に関する研究が主になります。

(2) プログラム評価研究の方法

評価者は、必要となるプログラムの理論的背景や評価方法論の知識を習得し、それらを有効利用し評価を行います。また方法論の質向上なくして正確な評価実践は期待できません。この点において、評価実践と評価方法論は切っても切り離せない関係にあると言ってよいでしょう。プログラム評価研究とは、プログラム実践とプログラム評価の双方の有機的な関係性について、学際的な研究実践体系によって検討するものであると言えます（図6）。したがってその目的は、先述した3つの評価目的と比べて、その名が示す通り、より研究に近いものとなります。

プログラム評価研究の専門家、特に評価方法論の専門家は、エビデンスの構築に向

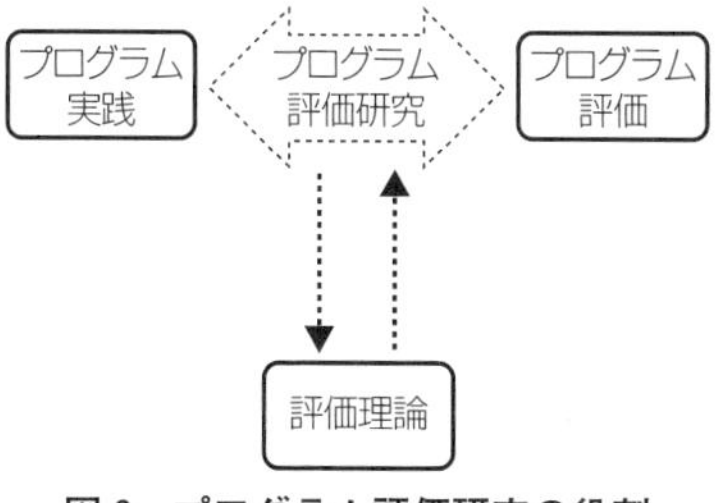

図6　プログラム評価研究の役割

けた技術的支援においてその専門性を活かすことになります。[21] そして、プログラムの実践・評価活動を通じて得られた知見を理論に反映し、**評価理論**（evaluation theory）として体系化していく作業も評価研究の重要な柱となります。このように見ていくと、評価実施に関わる個人はすべて、多かれ少なかれ、評価研究者であると言うこともできるでしょう。

以上、アカウンタビリティのための評価、プログラムの改善・質向上のための評価、価値判断および意思決定のための評価、評価研究のための評価という合計4つの評価目的[22]についてみてきました。それぞれの評価目的を別々に検討してきましたが、留意すべきは、これらの目的が独立して存在している訳ではなく、相互に依存し、時には補完し合っているということです。また、そのような評価目的もプログラムの実施対象、実施方法、実施時期、実施主体などが明確に理解できれば、自ずと明らかになるという見方も充分考えられます。[23]

5　評価目的の明確化の必要性

プログラムの実践および評価には、多様な立場の専門家（運営者、実践家、研究者）が関わっています。それぞれの立場や専門性からのプログラムの〝見え方〟、利用者支援についての〝思い〟、評価に対する姿勢や〝考え方〟は、時に大きく異なることがあります。プログラム評価へ向けた作業を行っていくうちに、それぞれの視点

[21] そこには、適切なアウトリーチ、曖昧さの許容、マネジメント能力といったフィールドへのアクセスおよびそこでの作業実施に関する基本的姿勢が問われる 安田節之（2010）「プログラム評価の意義と展望：方法論の視点から」『人事試験研究』214, 2-15.

[22] ロッシ（P. Rossi）によると宣伝活動のための評価は評価に値しないとされている。またスタッフルビーム（D. Stufflebeam）によると、PR活動のための評価および政治的にコントロールされた評価は、疑似評価（pseudo-evaluation）とされている。Stufflebeam, D.L.（2001）Evaluation Models. *New Directions for Evaluation*, no. 89. New York : Jossey-Bass. 参照。

[23] 山谷清志（2010, p. 220）『公共部門の評価と管理』晃洋書房。

や意見などがかみ合わなくなることが往々にしてあり、最悪の場合、そもそも何のために評価を行うのか、という点まで見失ってしまう結果を招きかねません。よってまず、何のために評価を行うのか、ステークホルダーは誰で、評価を行うことによって何を求めているのか、という評価の目的を明確化、そして関係者間で共有することが肝要になってきます。

プログラム評価の目的は、先述した4つに大別されるものの、実際に評価計画をつめていくにあたっては、〝評価結果を誰がどのように利用するのか〟という疑問点をスタート地点として考えていくとよいでしょう。評価には個々の価値が常に関わってきます。ここでの価値とは、個々人がもつ価値観という意味あいは弱く、プログラムに対する各々の立場、評価結果に期待するもの、影響の受け方といった包括的な意味における価値です。そしてこの価値は人それぞれによって異なります。プログラムには、下図のような人々が関わっている訳ですが、それぞれの人々がそれぞれの価値を持っていることになります。

しかし、評価を行うにあたって、すべての人々の価値を加味するのは事実上不可能です。よって、まず誰が（例：どのステークホルダーが）評価結果を求めているのかを明らかにし、その人の価値を最優先に考えるようにします[24]。そのような方法をとると、評価計画の立案に効率性が生まれ、何が大切で（何が大切ではなくて）、何をしなければならなくて（何をしなくてよくて）、そのためにどのような評価計画を立て

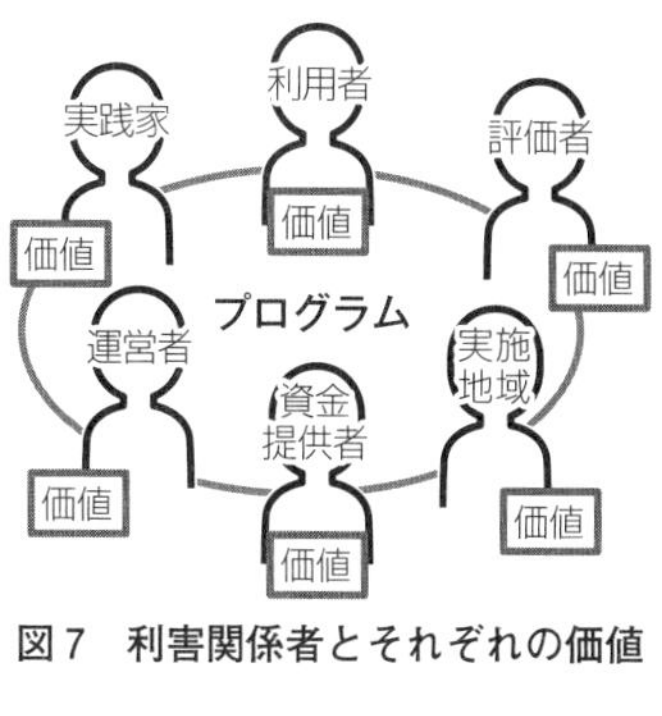

図7　利害関係者とそれぞれの価値

[24] Patton, M.Q. (1997) *Utilization-focused evaluation* (3rd ed.). Sage publication.

ていく必要があるのか（どのような計画を立てる必要がないのか）、という点が見えやすくなります。このように、評価目的を明確化するということは、どのような価値を評価しようとするのかを見極めることにつながっていくのです。

1-5 評価者

人は日常生活においても、様々な評価をしています。スーパーで買い物する際の値段や品質の評価からレストランのサービスや旅館のおもてなしの良し悪しの評価まで、消費者・生活者として様々なモノやサービスの評価を行います。その意味では、社会で生きるすべての人が評価者です。

それでは、プログラム評価を専門的に行う**評価者**とはどのような人の事を指し、仕事内容や役割はどのようなものになるのでしょうか。

1 評価者としての基本姿勢

プログラム評価における評価者の役割は、当然のことながら、評価を実施することです。これは、社会調査の調査者には調査を行う役割がある、というのと基本的に同じです。また、様々な対人・コミュニティ援助サービスを提供する専門職の役割が、それぞれのサービスを提供することであるのと同じです。よって評価者は評価のプロであり、そのためにはプログラム評価の知識やスキルに精通していることが必要条件

[1] ここでの理論家とは、当該プログラムの実施・運営に関する理論的背景を構築する個人やグループ、あるいはプログラムが改善しようとする問題や介入対象についての専門家を指す。Weiss, C. (1995) Nothing as practical as a good theory: exploring theory-based evaluaiton for comprehensive community initiatives for families and children. New Approaches to Evaluating Community Initiatiaves. In. J. Connell, A. *Kubisch, L. Schorr and* C. *Weiss.* (eds.) Aspin Institute. 参照。

となります。

評価者の役目は、下図のように、プログラムに関わる実践家とプログラムを開発・マネジメントする立場にある理論家に対する基本的な姿勢を理解することによって、より明確になると考えられます[1]。

理論家に対して必要となるのは、プログラムは理論的にみて正しく機能しそうであるか、現実とはかけ離れた仮定や理想論は含まれてはいないか、実際にプログラムを実施する現場ではその理論が通用するのか、ということを問う姿勢です。

一方、実践家に対しては、現場ではうまくいっている実践だがそれを理論的に説明するとどうなるのか、実践の流れや利用者への効果の理論的背景はどう説明できるのか、などを問う姿勢が必要です。実践家の役目はプログラムの効果を信じる（believe）ことで、評価者の役目はそれを疑う（doubt）ことであるとよく言われます。よって、理論家と実践家に対する基本姿勢のバランスをとりながら、評価者はプログラムの理論面と実践面のすり合わせを行うことになります。

このようなすり合わせの作業は、マニュアルなどに従って機械的に行われるわけではもちろんありません。評価者が関わる人々は、理論家にしても実践家にしても、情熱とプロ意識をもったその道の専門家です。よって評価者にとっては、プロとしての評価スキルの他に、各専門家との適切なコミュニケーションをもとに関係性を築くことができるのか、意見の食い違いや人間関係のもつれによって起こり得るコンフリク

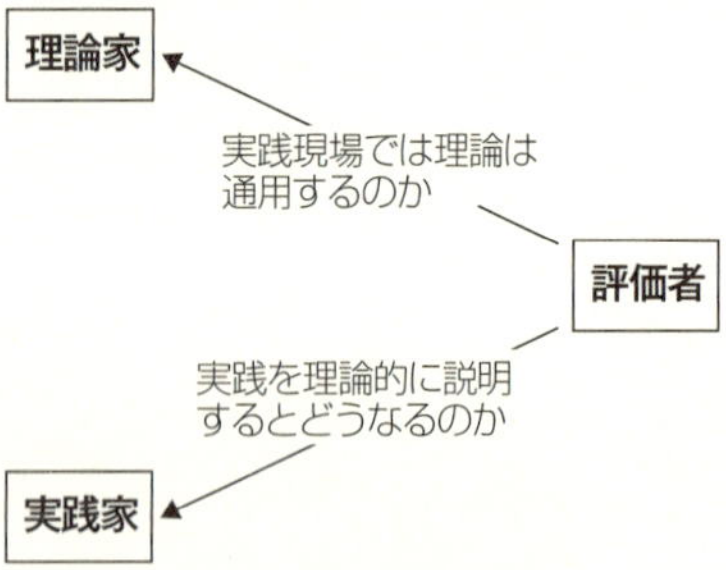

図1　評価者の役割

ト（葛藤）にうまく対処できるか、という人間性やヒューマン（対人）スキルが実はより重要であるとも考えられます。

評価の知識や評価実施のスキルに精通していることが評価者としての必要条件であると述べましたが、それらはあくまで必要条件です。評価者としての十分条件は、人間性や対人スキルといった資質にもあると言えるでしょう。

さらに評価者は、プログラムの実践者や理論家とだけコミュニケーションをはかればよい、という訳ではありません。その他にも、たくさんのステークホルダーが存在します。たとえば、学校現場で行われるプログラムの場合、ステークホルダーには、教員を含む学校関係者や保護者がいます。そしてより大規模なプログラムになれば、教育委員会などの組織がステークホルダーとなる場合もあるでしょう。評価者が評価の依頼を受けた場合は、これら複数のステークホルダーの意見を聞き、それらを元に評価を行い、フィードバックし、時には意思決定にも加わることになります。

また、「プログラム」の定義にあるように、目標やゴールをもち人が中心となって介入を行っている活動は、それぞれの地域や組織に数多く存在します。その中には、綿密に〝プログラミング〟されたものもあれば、そうでないものもあります。綿密に計画されていないプログラムの評価は容易ではありません。しかし一方で、計画がしっかりしていても実際のプログラムはフィールドで行われるため、実験室での実験には存在するあらゆる統制要因を確保することができません。よって、フィールドのある種、混沌とした現実と向き合わなければならなくなります。

　このような混沌とした現実はあらゆる所に存在します。たとえば、プログラムが予定通りに進まない、参加率が悪い、中途不参加（ドロップアウト）が多い、まったく効果が上がらない、といった計画段階では予期しなかった支障や弊害が出てくることはよくあることです[2]。これらプログラム実施については、プログラムの計画の良し悪しと関係するとは必ずしも言えない部分があります。

　あるいは、プログラム自体は順調に行われていたとしても、評価者が思い描いたように評価が進まないこともあるでしょう。むしろ、そのような事の方が多いかもしれません。よって、プログラムの評価者には、計画通り行えない「**あいまいさ**」を許容する能力が必要になってきます。だからといって、これは評価をアバウトに行ってよい、ということにはなりません。〝ミクロ〟な視点と〝マクロ〟な視点とのバランスを取ることが大切であるということです。「木を見る眼」（あるいは「虫の眼」）でプログラムの細部に気を配りつつも、時には「森を見る眼」（あるいは「鳥の眼」）でプログラム全体を俯瞰し、評価実施での〝さじ加減〟や〝落とし所〟を探っていきます。これが実り多い評価を行うコツと言えるでしょう。

2　評価目的別に見た評価者の役割

評価目的によっても、評価者の役割や評価スタンスが変わることがあります。表

［2］プログラムの評価を行う場合には、理論上・実施上・評価上の問題点を分けて考える必要があり（例：Weiss, 1998）、これらに問題があると、理論の失敗、実施の失敗、評価の失敗を生むことになる（図2）。安田節之・渡辺直登（2008, p.88）『プログラム評価研究の方法』新曜社、参照。

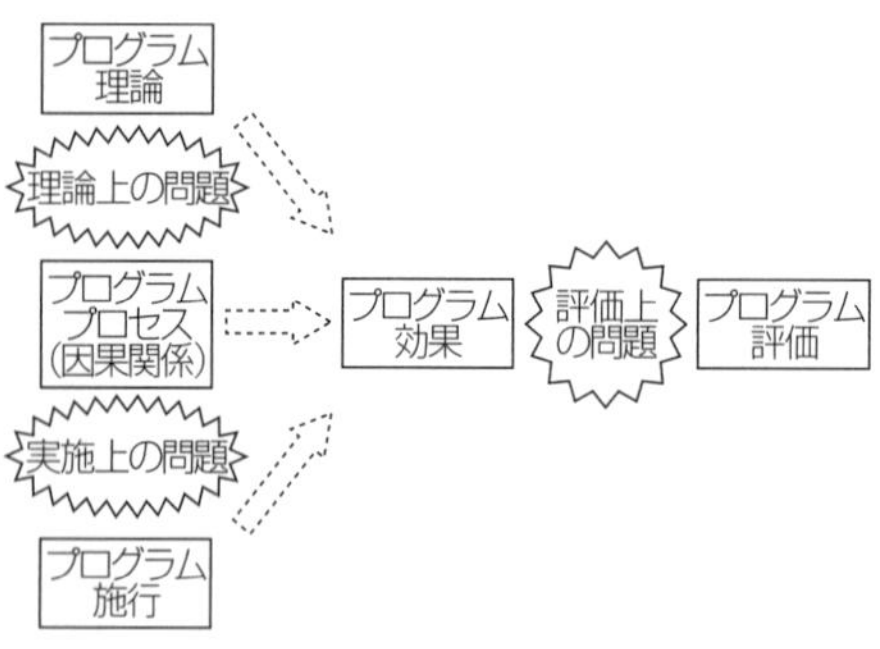

図2　プログラムの進行と問題

表1　評価目的別の役割とスキル

評価目的	期待される役割	必要とされるスキルや資質
アカウンタビリティ	査定・聞き取り役	綿密性・完全性に基づく情報処理能力
プログラムの改善・質向上	コンサルタント役	問題点を見抜く洞察力や現場とのコラボレーション能力
価値判断・意思決定	裁判官・審判役	権威的な立場からの中立性と決断力
評価研究	研究者役	評価に関する理論・方法論の構築スキル

[3]1は、評価目的別に評価者が期待される役割と必要とされるスキルや資質についてまとめたものです。これを見ると、評価者には様々な役割があるということが分かります。

たとえば、コンサルタント的な役割（プログラムの改善・質向上を目的とした評価）と裁判官・審判的な役割（価値判断・意思決定のための評価）とでは、助言による支援をベースにした前者と専門的な見解による決断をベースにした後者というように、その質が大きく異なります。さらに、プログラムに関する仮説や理論の構築や方法論の開発といった研究者的な役割が期待される評価研究では、他のどの役割にも増して、プログラム評価の理論と方法論に明るいにこしたことはありません。

具体的に、評価者を評価者たらしめるには、どのようなコンピテンス（能力・資質）が必要となるのでしょうか。スクリヴェンは、評価者が、技術的に困難をともなう評価に立ち向かうには、以下に示す10項目についての理解と応用力が必要になるとしています[4]。

[3] Patton, M. Q. (1997) *Utilization-focused evaluation* (3rd ed.). Sage publication. を参照。

[4] Scriven, M. (1996) Types of evaluation and types of evaluator. *Evaluation Practice*, 17, 151-161. また、このようなコンピタンスは、アメリカ評価学会(American Evaluation Association：AEA) による評価者の原則にあげられてもいる。米国評価学会（American Evaluation Association)による評価者の原則は、体系的な探究（systematic inqury)、コンピタンス（competence)、統合性・誠実性（integrity/honesty)、人々への尊敬(respect for people)、大衆や公衆の福利への責任(responsibilities for general and public welfare)である。くわしくは、http://www.eval.org/publications/guidingprinciples.asp を参照。

① 基本的な定性的・定量的な方法論
② 妥当性や一般化可能性に関する理論とメタ分析
③ データや資金の利用、参加者の扱い（倫理的な点も含め）、評価スタンダードとテストスタンダード
④ 人事評価（personnel evaluation）
⑤ 倫理面の分析
⑥ ニーズ調査
⑦ コスト分析
⑧ 各評価結果の統合に関するモデルとスキル
⑨ 評価概念の理解（例：価値の問題、評価理論やモデル、メタ評価）
⑩ 評価に特化したレポートのデザイン、作成、プレゼンテーション

3 評価者の役割葛藤

プログラム評価が決して容易ではない（むしろ非常に難しい）背景には、評価という活動が政治的・社会的文脈に大きく依存している点があります。その中で評価者が役割葛藤を抱えることが少なくありません。その代表例が、評価は科学的（体系的）に行うべきであるという〝**科学者としての役割**〟と政治的な意思決定を行うステーク

ホルダーに対する評価の〝**請負人としての役割**〟の葛藤です。

特に、評価を依頼された場合には、依頼者（クライエント）であるステークホルダーが期待する〝良い結果〟を報告したいと思うことは人情としてあるでしょう。つまり、評価者の役割葛藤は、一方では、プログラムの真の効果を査定し報告する科学者としての役割（責任）がある半面、別の一方で、ステークホルダーの期待（多くの場合、実践家が普段熱心に関わっているプログラムがよい効果を上げているという期待）に評価結果で応える、という板ばさみ状態から生じます。評価者の中に〝確かな科学性〟と〝政治的配慮〟という2つの対立軸ができてしまうのです。このような狭間で生じる役割葛藤は、評価活動に真摯に向き合えば向き合うほどより顕著に現れてきます。

また、多くのプログラムには明確なゴールや目標が存在しますが、評価結果の一部または大部分は、結局のところ、そのゴールや目標が達成されたか否か、という点に帰着されます。評価結果をベースにして、重要（ハイステーク）な意思決定（例：プログラムの拡大・存続・中止の決定）が行われる際に、評価者の役割や立場は大きなものになります。〝真〟の評価結果に忠実でなく、ステークホルダーに対して好意的な報告がなされる場合には、ステークホルダーから気に入られ、継続的に評価を依頼されることになるかもしれません。[5] しかし、これは明らかに、科学性の側面からも倫理性の側面からも望ましい事ではないでしょう。[6]

[5] Scriven, M. (2004) Reflections. In M.C. Alkin (ed.) *Evaluation roots: Tracing theorists,* views and influence. Sage publication (pp. 183-195).

[6] このような〝ゴール至上主義〟への対処として、〝ゴールフリー評価（goal-free evaluation）〟が展開された。Scriven, M. (1973) Goal-free evaluation. In E.R. House (Ed.), *School Evaluation: The policis and process* (pp. 319-328) McCutchan.

以上、第1部では、プログラム評価に関する基本概念について見てきました。これらを踏まえ次の第2部では、評価の対象となる「プログラム」を計画およびマネジメントする際の諸事項について見ていきたいと思います。これらの諸事項は、通常、あまり意識されることはないのですが、プログラムを効果的・効率的に進めていく上で、とても重要になってきます。

第2部

プログラムのプランニングとマネジメント

2-1 プログラムの実施背景

そもそもプログラムが必要となるのはなぜでしょうか。そして、それはどのような時でしょうか。

心理教育や社会福祉といったヒューマンサービスの領域にプログラムが数多く存在するのは、それを必要とする個人や集団がいるからです。これはミクロな視点から見たプログラムニーズです。

あるいは自治体が地域の状況を判（診）断した結果、プログラムの必要性が明らかになることもあるでしょう。たとえば、高齢化が進む地域においては、生活習慣病予防プログラムや介護予防教室等が多く企画されますが、これは地域レベルのよりマクロなプログラムのニーズを反映したものです。

プログラムの必要性を吟味するためには、まだ明らかに発生していないものも含め、個人や地域が抱える問題は何か、そしてその問題は誰によってどう定義されているかをまず考える必要があるでしょう。プログラムのニーズは、それを抱える個人や組織によって定義される場合もありますし、プログラム開発に携わる実践家や研究者

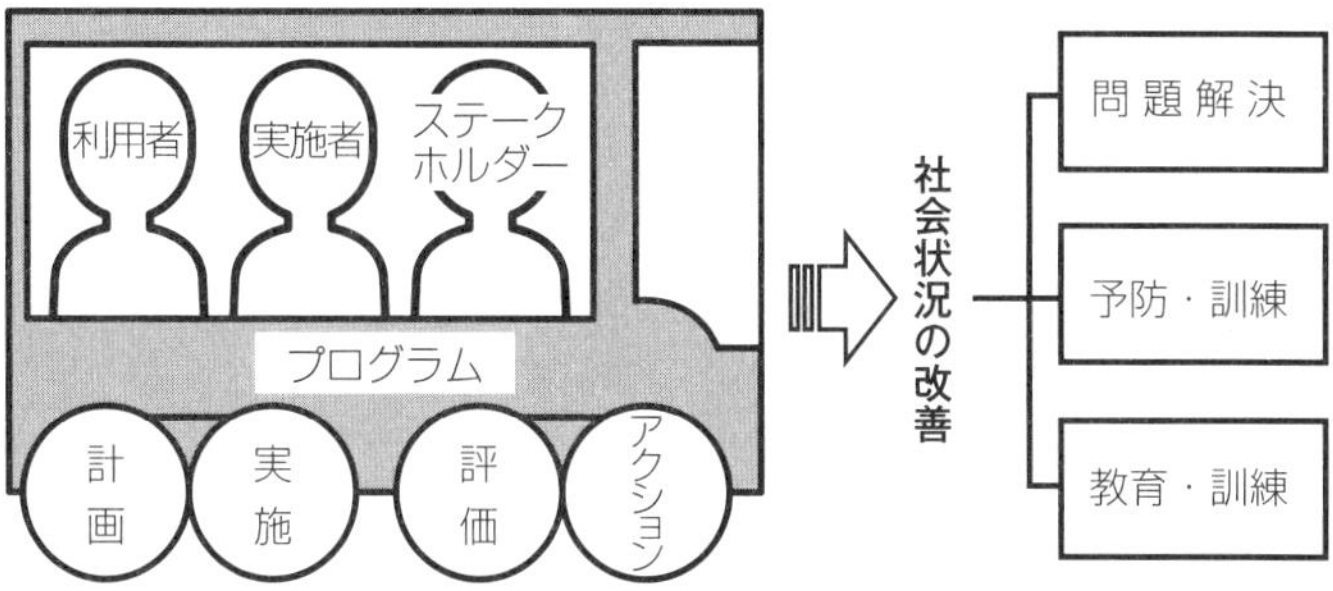

図1　プログラムの実施と社会背景

などの専門家に〝発見〟される場合もあります。

プログラムが必要となる背景は様々ですが、これらは主に、①地域や組織ですでに起きている諸問題の解決（**問題解決**）、②問題発生の予防や生活の質の向上や福利《ウエルビーイング》の促進（**予防と促進**）、③利用者の自己啓発および学習を目的とした教育や職業スキル等の習得（**教育や訓練**）の3つに大別できます（上図）。以下ではこれらの特徴について見ていきたいと思います。[1]

1　問題解決

プログラムの介入やサービスの提供が必要とされるのは、第1に個人あるいは社会が解決すべき何らかの問題を抱えているからです。[2] それらの問題は、ストレスのような個人レベルの心理社会的問題から地域社会が抱える福祉的課題まで様々なものがあります。どのような問題であっても、問題が存在する以上は解決に向けた取り組みが必要となります。そ

[1] これらの領域の理論・実践面の知見は、コミュニティ心理学において特に多くの実績がある。詳しくは、植村勝彦・高畠克子・箕口雅博・原裕視・久田満編『よくわかるコミュニティ心理学』ミネルヴァ書房。

[2] デューイ（J. Dewey）によると、価値づけ、ないし評価という行為は、私たちが様々な問題的場面に遭遇し、その問題的場面を解決するために、その追究過程において有益な資料・情報を得ようとしていろいろな事物・事象の価値（値打ち）の比較判断をする、その判断行為であるという。高浦勝義・松尾知明・山森光陽（2006, p. 10）『ルーブリックを活用した授業づくりと評価　③生活・総合編』教育開発研究所、参照。

こで、プログラムが実施される訳です。

しかし一口に問題解決と言っても、プログラムによって解決が求められる問題の多くは、それ自体が単独で存在している訳ではなく、地域や社会などのコンテクスト（context）、つまり社会的文脈の中にいわば埋め込まれている場合がほとんどです。そのような場合、機械を修理するがごとく、問題を引き起こしている原因だけを取り出してそれを直（治）すというアプローチをとることは、事実上不可能でしょう。

たとえば、車のエンジンの故障の場合には、故障箇所のみの修理あるいはエンジンを丸まる新品と取り換えれば問題は解決できますが、社会的文脈に埋め込まれた個人あるいは地域に関する問題はそうはいきません。いじめが起こっている学校の社会的文脈を例にとって考えてみると、いじめを受けている生徒のみの適応を促したとしても、いじめの問題の解決につながることはむしろ稀でしょう。いじめを許容する社会的文脈、つまり子どもたちの友人関係のあり方や学級風土といった環境面へ働きかけるようなアプローチがとられなければ、根本的な解決につながっていかないでしょう。

このように複雑に絡み合った問題の解決にあたっては、問題と考えられている状態・状況が誰によってどのように定義されているのか、その問題を抱えている個人や地域の〝症状〟は何であってどの程度それが広がっているのか、という点が明らかにされるべきです。それから、核心である原因を追求し、解決に向けて何に対してどのような介入がどの程度必要なのか、を正確に把握する必要が出てきます。プログラムの実施は、問題を正確に定義し、解決法を探し、それをプログラムに反映し実施することによってはじめて、実り多いものになるのです。

2 予防と促進

問題解決の手段以外にも、問題そのものの発生を防ぐために、プログラムが行われることもあります。**予防**（prevention）や**促進**（promotion）を目的としたプログラムです。

予防と促進は別々の概念というよりも、両者が同一次元に存在するものと考えられます。たとえば、病気の予防は健康の促進につながりますし[3]、人間関係豊かな地域コミュニティの促進は高齢者の孤独死といった問題の予防につながります[4]。

予防や促進を目的としたプログラムは、すでに存在する問題解決のためのプログラムと比べると、社会的関心度や地域での注目度がやや低いと言えるのではないでしょうか。一般的には、災害や事故といった問題が起こってはじめて人々の関心が向くからです。残念ながら地震などの災害や高齢者の孤独死といった地域での問題が起こってはじめて、地域住民の結束が固くなり地域福祉のための組織的活動がプログラムとして形成・活発化するということが多くあります。しかし、そのような問題をあらかじめ予想し予防できればそれに越したことはないでしょう。

[3] ヘルスプロモーション（health promotion）は健康を促進（増進）するためのプログラムであるが、同時に、生活習慣病の予防に対する効果も期待できる。

[4] また、犯罪や児童虐待の予防等にもつながると考えられる。

予防プログラムの存在意義を確認しその必要性を吟味するためには、「予防」という概念をひとくくりにせず、その細部の理論的背景やメカニズムを明らかにすることが重要です。予防には一次から三次まで3つの形態があります。まだ問題や障害が存在しない母集団に対しその発生を防ぐことを目的としたのが**一次予防**（primary prevention）、問題が存在しうる母集団を早期発見し問題発生の確率を下げるための介入が**二次予防**（secondary prevention）、そして問題や障害がすでに存在する集団に対してその軽減や再発防止を目的としているのが**三次予防**（teritiary prevention）です[5]。

対象となる母集団としては、一次予防の場合は一般人口（対象地域のすべての人）、二次予防の場合はリスク人口（リスクがあると思われる人々）、三次予防の場合はリハビリテーションが必要となる人口となります。

たとえば、生活習慣病に関する予防的介入が生活習慣病に関する病気やリスクを持たない人々に対して行われる場合、一次予防プログラムとなります。一方、足腰が弱くなるリスクの高い高齢者に向けた転倒予防教室が行われる場合は、二次予防プログラムとして捉えることができます。さらに、専門的なリハビリテーションが、身体上の問題（例：麻痺）などを改善・再発防止し、日常生活や社会への復帰を目的に行われる場合には、三次予防プログラムとして位置づけられます[6]。

以上に紹介したものは、予防を目的としたプログラムですが、同様な考え方に基づ

[5] Caplan, G. (1964) *Principles of Preventive Psychiatry*. Basic Books.

[6] Institute of Medicine (1994, p. 23) *Reducing Risks for Mental Disorders: Frontiers for preventive intervention research*. Washington DC: National Academy Press. による予防的介入スペクトラムは次の図のようになっている。

いた促進（プロモーション）を目的としたプログラムもあります。たとえば、児童生徒のコミュニケーションまたは友だちづくりを促進するためのソーシャルスキルトレーニング・プログラム、現役時代からの〝地域デビュー〟を促進し定年後の地域での活躍を期待する生涯学習プログラムといったものは、促進を目的としたプログラムと言えるでしょう。さらに、健康日本21や介護予防事業の一環として各自治体で行われるヘルスプロモーション（health promotion）に関するプログラムなどは、促進を目的としたプログラムの最も良い例です。

3 教育と訓練

プログラムが教育や訓練（トレーニング）を目的として行われることもあります。教育あるいは訓練と聞くと、学校の授業のように教育機関で行われるもののみをイメージしがちですが、なかにはヒューマンサービスの一環として行われる教育・訓練もあります。その代表例が**心理教育**（サイコエデュケーション psychoeducation）と言えるでしょう。

心理教育は〝心理的支援〟と〝教育的支援〟とが統合された形で成立しています。つまり、自己・他者・他者との関係性の中の自己などの理解を促す心理的支援と、それらの理解を経て起こる、自身の行動の修正および新しい行動の習得を促す教育的支援が合わさった形をとっています。心理教育の主な理念は、「問題や困難を抱えてい

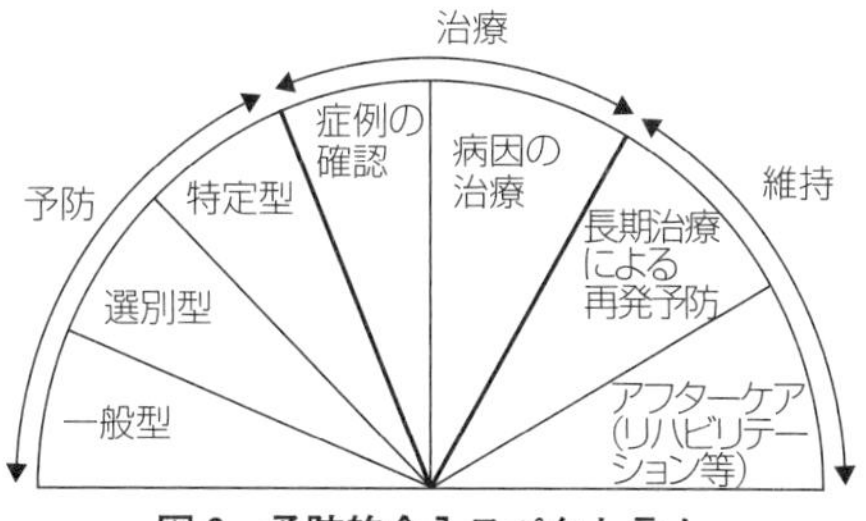

図2　予防的介入スペクトラム

る人々に心理学の発見や知識、それらを活用した対処法を伝えて、より良く生きるためのエンパワーメント（empowerment）をするために、心理的・教育的サポートを最大限に活用するためのプログラムを提供することである」とされています[7]。

よって、プログラムの内容の如何を問わず、心理教育が普遍的に目指しているゴールは、参加者が心理的な視点から自らの行動や他者との関わりを見つめ直すことにより何かに〝気づき〟、そこでの気づきを通じてよりよい思考や行動を身につけることと言ってよいでしょう。心理教育の主なものとして、個人、グループ、組織に対するソーシャルスキル教育、自己表現（アサーション）トレーニング、ストレスマネジメントといったものが挙げられます。

ヒューマンサービス領域のその他の教育や訓練としては、自治体が地域住民のために実施する催し、大学が地域交流の一環として行う公開講座、企業内での人材育成や自己啓発といった研修、学術集会でのセミナーやワークショップなどが考えられます。これらの例はさまざまな切り口から捉えることができますが、すべてに共通しているのは「主体的な学び」、つまり学習者（参加者）の主体的参加である点でしょう。

参加者は自身の興味関心のため、自身の生活の質を高めるため、スキルや能力を高めるため、などのさまざまな理由でこの学びに参加してきます。このような学習の場を提供するには、予算の確保や担当講師との調整に始まり、各日程の円滑な運営に至

[7] 平木典子（2009, p. 2）「心理教育（サイコエデュケーション）とは何か：発展の歴史・概念・意義」『児童心理』臨時増刊 No. 903.（「学校における「心理教育」とは何か」）2-10.

るまで、適切な企画・調整・実施のサイクルが必要になります。また、ここでの学びは、高校や大学などの教育機関で行われる教育（や訓練）と比べると、より現実性（現実の状況に即したもの）が求められると同時に、参加者の主体性（発言・コミュニケーション、協調性・チームワーク、リーダーシップ）も高くなることが予想されます。このような参加者の特徴や実施文脈の特性を活かしたプログラミングが必要と言えるでしょう[8]。

以上、プログラムが必要となる主な要因である問題解決、予防と促進、教育や訓練について見てきました[9]。いずれのプログラムに関しても、それを開発・提供する際には、そのプログラムがなぜ必要なのか、といった根本的な点を押さえる必要があります。これらの点は、後述するニーズアセスメントによって体系的に調査することができます。このニーズアセスメントについて考えていく前に、次項ではあらためてニーズとは何か、という点をみていきます。

[8] 安田節之（2010.7）「実践活動を補完する評価の視点」第13回日本コミュニティ心理学会 研究・研修・倫理委員会合同企画ワークショップ「今、なぜプログラム評価なのか」於：立教大学。

[9] プログラムの提供方法は、それが個人ベースの介入なのか、グループベースの介入なのか、あるいはコミュニティベースの介入なのかによって異なってくる。たとえば、個人ベースのサービスであればケースワークやカウンセリングといった形で提供されるし、グループベースであれば心理教育や各種の研修会といった形で提供される。コミュニティベースのプログラムの提供法としては、たとえば、地域への情報発信や地域での防犯や住民の健康促進といった啓発活動などがある。

2-2 プログラムニーズ

ニーズという言葉を聞いたことがない人は、少ないのではないでしょうか。現代社会では、様々な場面でニーズという言葉や概念が使用されています。

たとえば、ビジネスの世界では顧客ニーズという言葉があります。これは、お客さんは何の商品を買いたいのか、どのようなサービスを必要としているのか、といった求められているモノや行為のことを指します。売り手側からすると、この顧客ニーズを的確に把握することによって、何をどれだけ提供すればよいかが分かります。どのような商品の売れ行きが良いのか、どのようなサービスがよく利用されているのか、ということを正確につかむことが、無駄を減らし増益につながるでしょうし、新たなサービスの開発にもつながるでしょう。

ビジネス領域のニーズと本書が扱うヒューマンサービス領域のニーズとは似ているところが多くあります。ただ、経済的利益を目的とした前者と対人援助を目的とした後者では、ニーズが生じる理由やニーズを抱える人々の背景等が異なると考えるのが妥当でしょう。

特に注意すべき点として、ヒューマンサービス領域では人が健康に関する問題を抱えていたり、困難を経験していたりする状態のことを、ニーズがある状態とします。これは、問題とニーズは表裏一体であることを意味しています。そして、時代とともに個人や社会が変化するように、社会的な問題も継続的に変化します。このような社会的問題およびその変化が反映されるニーズを把握するためには、特に綿密な分析が必要となります。

ニーズとは、すなわち必要、欲求、要求、要請のことです[1]。多くのプログラムは、広義のウェルビーイング（福利）の向上を目的として実施されますが、ここでのニーズとは、人々の健康や生活の質を維持・向上していく上で必要不可欠なものです。よって、〝ニーズがある〟とは、人々が基本的な社会生活を営むために必要なもの、必要な状況、必要な条件が欠如していることを指します。つまり、〝なくてはならないにもかかわらず足りていない〟状態にある人々に必要なもの・状況・条件がニーズとなります。

[1] またマズロー（A. Maslow）は、生理的な欲求、安全の欲求、愛情・所属の欲求、自己評価の欲求、自己実現の欲求という階級からなる欲求階級説を提唱している。

1　プログラムのニーズとは？

一方で、〝なくてはならないにもかかわらず足りていない〟状態にある人々がその状態を改善するために必要なプログラムやサービスのことを、**プログラムニーズ**（program needs）と呼びます。プログラムニーズは、専門的には、プログラムの利用者の現状とプログラムの企画・実施・運営者が考えるサービスとの間で生じるギャップとされています[2]。これは、プログラムの内容と利用者が必要としているものとの隔たり（あるいはマッチングの度合）を表しています。このように考えると、プログラムニーズは次のように定式化することができます。

〔プログラムニーズ〕＝〔好ましい利用者の状況〕−〔現在の利用者の状況〕

利用者のニーズと（そのニーズを満たすべく実施される）プログラムの内容とが合致していれば、ニーズは充足されます。よって、プログラムニーズもなくなります。逆に、利用者のニーズとプログラムの内容とが合致していなければ、ニーズは充足されず、利用者はニーズを抱えたままとなります。ニーズを抱えたままの利用者には、それを充たすための別のプログラムニーズがあるということになります。

2　ニーズ把握の難しさ

プログラムの必要性をつかむのは時に多くの困難をともないます。その理由は、プログラムを利用する人やグループ自身にとって、それがどの程度必要であるかを見極めることが難しいからです。たとえば、ニーズを〝必要であるが欠如している〟のではなく、ただ欲しいという**欲求**（wants）と捉え違えると、意味が全く異なってきま

〔2〕Rossi, P. H., Freeman, H. E., & Lipsey, M. W. (1999) *Evaluation: A Systematic Approach* (6th ed.). Sage Publication.

す。人の欲求は上を見ればきりがありませんし、これでは〝あればあるだけ〟、つまり必要性の有無に関わらずサービスが要求される、という結果を招きかねません。

また、ニーズを経済的観点における需要として捉えてしまうと、ニーズが〝掘り起こされる〟危険性もあります。本当は必要ないのに、プログラムやサービスが商業目的で提供される危険性です。たとえば、自立を目指す要支援者に対して過剰な社会福祉サービスを提供することになれば、それは、その人の健康や生活の真のニーズを反映しているとは言えません。むしろニーズがプログラム側によって掘り起こされたことになります。

ニーズをより詳細に分類すると、利用者やクライエントが抱える経済的ニーズ、教育的ニーズ、心理社会的ニーズというように領域別に分けることができます。他にも、医療や介護のニーズ、地域ニーズ、文化的ニーズなどのように、社会生活を送っていく上で欠かせない様々なニーズがあります。

たとえば、経済的ニーズとは生活や健康を維持していく上での金銭等の欠乏からくるニーズです。心理社会的ニーズとは、物質的なものではなく、人と人との心理的つながりに対するニーズなどを指します。このように、ニーズにはまずその領域別の違いが存在します。

3　ニーズの分類

これら領域別に様々なニーズを個別または包括的に捉えるためには、ニーズを把握する際の基準に注目するのが有効です。これらを４つの視点から捉えたのがブラッドショー（J.R. Bradshaw）によるニーズの定義[3]（規範的・比較・感覚的・明示）です。以下でこれらを詳しくみていきたいと思います。

(1)　規範的ニーズ

規範的（normative）ニーズとは、基準となる数値や専門家の判断によって示された指標や目安をもとにしたニーズです。ここで言う規範は基準値（数値）で表されることが多く、対象となる個人（またはグループ）の状態をその基準値と比較した結果が規範的ニーズとして把握されます。

ある個人のニーズを示す数値が基準値より高ければその人には規範的ニーズが存在すると判断され、逆に、低ければニーズなしと判断されます[4]。規範的ニーズの判断材料となる基準値はあらかじめ設定されていることが多いため、あらたな作業（例：大規模データ収集によるスケールの標準化）が不要であるのが、規範的ニーズを用いる利点でしょう。

たとえば、メンタルヘルスなどのスクリーニング（選別）で用いられる標準化された「うつ」のスケールの得点には通常、基準値が設けられています。この基準値は、

[3] Bradshaw J.R (1972) The concept of social need. *New Society*, 496, 640-643 による定義では、normative need(s), felt need(s), expressed need(s), comparative need(s) となっている。

[4] 対象となる内容や定義の仕方によっては、基準値よりも低い数値が悪い状態を示す場合ももちろんある。その場合には、基準値よりも低ければ規範的ニーズありと判断される。

沢山のデータや症例によって導き出されたものです。よって、もしあるクライエントのデータが基準値を上回っていたとすると、その人が自覚していようがいまいが、うつの予防や治療に対する規範的ニーズがあると判断されます。

また、組織・グループという単位での規範的ニーズを把握することも可能です。たとえば、この「うつ」のスクリーニング尺度による測定を職場全体で実施し、各データを基準値と照らし合わせ、その合計を職場全体の規範的ニーズとして捉えることも可能です。特に、個人レベルではなく、一次予防や二次予防としての組織レベルの予防プログラムの必要性を吟味する上で、このアプローチは有効であると言えるでしょう。

さらに、地域や自治体レベルの規範的ニーズを把握する際にも、同様のロジックを用いることができます。たとえば、65歳以上人口が全人口に占める割合である高齢化率には、地域差はあるものの、全国の平均値が存在します[5]。その平均値と各地域の高齢化率とを照らし合わせて、地域レベルの介護あるいは介護予防に関するニーズを検討することも、規範的ニーズの枠組みによる試みとして捉えることができるでしょう[6]。このような地域や自治体レベルの規範的ニーズの把握には、社会指標法の活用が考えられます。

[5] 国立社会保障・人口問題研究所の調べによると、２０１０年現在で22・57％である。

[6] ここでは、一例として高齢化率の全国平均を規範的ニーズの基準値としたが、その他にも少子化に関する基準（例：合計特殊出生率）をもとに、地域レベルの規範ニーズの検討が行える。また、就業率や犯罪率といった情報をもとに基準値を設定し、地域での生活の質向上のための規範ニーズの把握を行うこともできる。

(2) 比較ニーズ

規範的ニーズには、〝絶対的〟な基準（値）が存在するのに対して、**比較（comparative）ニーズ**にはそのような基準（値）は存在しません。よってここでは、他との比較による〝相対的〟な基準によってニーズが把握されます。

個人レベルの比較ニーズは、ニーズを抱えた個人の状況（例：心理社会的要因）と、属性や社会経済的環境が類似した別の個人の状況との差によって定義・把握されます。組織や地域レベルの比較ニーズは、ニーズが存在する組織や地域の状況（例：サービスの利用状況）と、組織特性や地域特性等が似通った他の地域の状況との差によって見分けられます。比較ニーズの具体的把握には、社会指標を層別・地域別などに分析する、キーインフォーマントへの聞き取りやフィールド調査を複数実施する、などが考えられます。

(3) 感覚的ニーズ

感覚的ニーズとは、個人が自覚しているニーズのことを指し、感じ取られたニーズ（felt needs）と呼ばれることもあります。感覚的ニーズは、その名の通り、その人の感覚や主観に大きく左右されるので、他のニーズと比べて把握が難しくなります。

そもそも人のニーズは、願望（wants）、欲望（desire）、優先順位（priority）、期待（expectation）といった主観的な概念と複雑に入り組んでいます。必ずしも必要ではないが望んでいるものや欲しいもの（願望・欲望）、将来的に実現できればよいが現状として特に必要ではないもの（期待）などはいくらでもあるでしょう。しかし、これらは本質的なニーズとは別のものです。よって、感覚的ニーズを正確に把握するためには、ニーズの定義である〝なくてはならないにもかかわらず足りていない〟という意味において、人々に必要なもの・状況・条件を立脚点とすることが大切になってきます。

感覚的ニーズは、地域での生活の質（quality of life）や主観的幸福感（subjective well-being）について、アンケート等を用いて把握される場合（例：フィールド調査）と、当事者（団体・グループ）に直接ヒアリングを行い把握される場合（例：地域集会調査・関係者への聞き取り調査）とに分けられることが多くなります[7]。

[7] 2-3参照。

(4) 明示ニーズ

最後に**明示（expressed）ニーズ**ですが、これはすでに明らかに示されたニーズのことです。感覚的ニーズによって自覚されたものが実際の行動として表出されたものと言えるでしょう。したがって、職場等での健康サービスや地域での保育サービス、社会福祉サービスなどの利用率、提供割合や待機状況、利用者の属性など、広義のヒューマンサービスの利用状況を分析することによって把握する事ができます。つまり、明示ニーズの有無や程度そして充足度は、サービスの〝マーケット〟における需要と供給のバランスによって定義づけられると考えることができます。この需要と供給のバランスを基本的枠組みとして、明示された必要なサービスは何か、を明確化していく訳です。

たとえば、提供されたサービスがニーズに合っているものならば、サービス利用率が高くなります。逆に、もしニーズとサービスとにずれが生じている場合には、利用率は低くなるはずです。利用率が低くなるということは、ニーズ自体は利用者個人の感覚的ニーズで帰結してしまっているという可能性が考えられます。

また、他にも、明示ニーズを把握するには、社会指標（特にサービス利用状況）を参考にする、組織団体や地域へのキーインフォーマントへの聞き取りの情報を参考にする、などの方法が考えられます。

以上、4つのニーズの分類を見てきましたが、各ニーズを把握するにあたってのニーズアセスメントの有用性の程度を示したのが下図です。

表1　各ニーズごとのアセスメントの有用性

	社会指標法	フィールド調査（アンケート）	コミュニティフォーラム	キーインフォーマントへの聞き取り
規範的ニーズ	☆☆☆	☆☆☆	☆	☆☆
感覚的ニーズ	☆☆	☆☆☆（定量的アプローチ）	☆☆☆（定性的アプローチ）	☆☆
明示ニーズ	☆☆☆（サービス利用状況）	☆	☆	☆☆
比較ニーズ	☆	☆☆（複数実施）	☆	☆☆（複数実施）

※有用性：高（☆☆☆）　中（☆☆）　低（☆）

安田節之（2010）平成21―22年度文部科学省科学研究費補助金「心理教育・社会福祉サービス領域におけるプログラム評価実践に関する研究」による文献研究をもとに作成（試案）

2-3

ニーズアセスメント

利用者のニーズを正確に把握し、それを反映させたプログラムを作成するには、体系的なニーズの調査が必要となります。**ニーズアセスメント**（needs assessment）とは、ニーズおよびそれを生じさせている問題を体系的に調査するもので、ニーズ調査やニーズ査定と呼ばれることもあります。

特に、プログラム作成をめざし、ニーズアセスメントを計画する段階では、どの利用者にどのような種類のニーズがどの程度存在するのか、という情報を正確に知る手段がないことがほとんどです。現場の支援者がサービスの担い手としてニーズを把握する場合、普段の業務の中での情報や経験知をもとに〝あたり〟をつけることもできるでしょう。しかし、クライエントや利用者のニーズをより厳密に捉えるには、正確なアセスメントの手続きとツールが必要となってきます。

1　ニーズアセスメントとは

ニーズアセスメントとは、プログラムニーズの査定、つまり見立てのことです。ニーズアセスメントは、プログラムを計画していく上でとても重要な役割を果たします。というのも、プログラムやサービスを必要としている人々に、必要なだけ介入を行うことによってはじめて適切な効果が上がるからです。

〝必要な人々に必要なだけのサービスを提供する〟ことは一見簡単に聞こえますが、これを現実に行うには多くの困難がともないます。サービスが必要な人々、つまりニーズを持っている人々を一義的に定義し、把握することは簡単ではないことはすでに述べた通りです。

また、必要なだけのサービスを提供するのにも困難がともないます。プログラムの実施には、〝ヒト・モノ・カネ・情報〟そしてそれらを循環させるネットワークやシステムといった様々な資源が関係してきます。プログラムを実施するには、少し想像しただけでも、運営スタッフ、実施場所、運営資金、運営内容のアイデアや運営方法に関するノウハウといったあらゆる資源が必要です。これらの資源は、自然発生的なものではないため、何らかの形で〝獲得〟せねばなりません。

ニーズを正確に反映しプログラムを理想的な形で行っていくためには、さまざまな資源にアクセスが可能なステークホルダー（利害関係者）の存在が無視できません。また、保健・医療・福祉そして教育や心理の領域では特に、利用者のニーズを第一に考えるという利用者主体の原則を貫くことももちろん大切です。よってプログラムの企画者は、利用者やステークホルダーといった様々な〝エージェント〟の願いや思いをうまく調和させた上で、プログラム作りをしていくことになります。

２　ニーズアセスメントの方法

プログラムが対象とすべき問題や課題が見えてきたら、次に必要となるのは、どのようなデータをどのような方法で収集すればよいか、という**ニーズアセスメント法**[1]の検討です。

アセスメント法を検討する際に留意する点は、ニーズアセスメントはあくまでプログラム開発のための手段である、ということです。どのようなプログラムを計画するかにもよりますが[2]、ニーズアセスメント法には、通常の社会調査で用いられるような厳格な方法論を最優先させる必要はないと考えられています。もちろん、厳格な方法論があればそれに越したことはありません。場合によっては、しっかりとしたニーズアセスメントを行わないと、解決しようとしている問題をプログラムに正確に反映できない可能性も出てくるでしょう。

しかし、正確なニーズアセスメントにこだわりすぎるために、プログラムの開発が遅れ、解決が急がれる問題自体が悪化してしまう場合も珍しくありません。学校でのいじめの問題、企業組織における従業員のストレスやメンタルヘルス、地域コミュニティにおける高齢者の閉じこもりの問題など、プログラムが介入対象とする問題のなかには、介入の即効性やタイミングがとても重要であるものが多くあります。よっ

[1] プログラム評価におけるニーズアセスメント法は、臨床心理や社会福祉サービスにおけるクライエントや利用者の個人ニーズの把握法ではなく、プログラムレベルのニーズを把握するための方法である。

[2] たとえば、政策レベルの大規模なプログラムの場合には、より綿密なニーズアセスメント法やモデルが必要となる。

て、必要とされる基本的なデータが時宜を得て収集できれば、それで事足りる場合がほとんどであると言えるでしょう。[3]

　ニーズアセスメントでは、必要な時に必要なデータ（ニーズの情報）が入手できることが優先されますが、ニーズを持つ個人やグループから直接データを収集しなければならない場合には、効率的なデータ収集、データマネジメント、分析が必要となります。そうしないと、時宜を得た介入が行えなくなる可能性があるからです。あるいは、後述する社会指標法のように、自治体等によってすでに収集されたデータを２次分析という形で利用し、間接的にニーズを把握しようとしても、実際に欲しいデータが存在するという保証はありません。むしろ、そのようなデータが存在する方が少ないのではないでしょうか。

　このように考えると、〝現実的にどのようなデータが得られるか〟を皮切りに、アセスメント法を探していく方が効率的です。ニーズアセスメントでは、どのようなニーズが誰に（何処に）どの程度存在し、ニーズの原因となる問題はどの程度深刻なものであって、そのニーズを満たすためにいつまでにどのようなプログラムの介入がどれだけ必要か、ということを把握できることが望ましいと考えられます。そして、〝見立て〟たニーズを、プログラムの〝仕立て〟に役立てるのです。

3　ニーズアセスメント法の種類

[3] 社会政策などの大規模プログラムのニーズアセスメントの場合、ニーズの度合いを正確に測定するための社会指標と調査デザインが必要となる場合もある。その他、ニーズアセスメントが即時的なプログラムの開発を目的として行われるのではなく、ニーズアセスメント自体の研究を目的とする場合もある。

データ収集や分析の方法は、ニーズアセスメントの目的によって変わってきます。国や自治体が行う大規模プログラムのニーズアセスメントの場合には、マクロな視点から行う社会指標法によるデータ分析が適していることが多くあります。また、小規模・中規模プログラムに関するニーズアセスメントでは、コミュニティフォーラム、キーインフォーマントへのヒアリング、フィールド調査といったアセスメント法が適していると考えられます。これらすべての方法について次で検討していきたいと思います。[4]

(1) 社会指標法

社会指標法（social indicator method）によるニーズアセスメントは、地域コミュニティが抱えるニーズや特定の社会状況から生じる問題を、既存のデータによって明らかにする方法です。

たとえば、ある地域においてホームヘルプサービスの利用率が、他の類似した地域特性をもった地域よりも、極端に高かったとします。[5] この状況からすると、この地域におけるホームヘルプサービスのニーズが高いと想定できます。その理由として、サービスの利用者が多いという点の他にも、サービスを提供する事業所数が少ないからではないか、他の地域からの利用者が多くいるのではないか、といった予想が立ちます。しかし、これらはあくまで予想の域を超えないものです。

[4] くわしくは、Witkin, B.R., & Altschuld, J.W.（1995）*planning and conducting needs assessments : A practical guide*. Sage publication. 安田節之・渡辺直登（2008, p.23）『プログラム評価研究の方法』新曜社、参照。

[5] その他、保育所の待機児童数や特別養護老人ホームへの入居待ちの人数から地域の犯罪率といったものまで、あらゆるものが社会指標として挙げられる。

より正確にこの地域でのホームヘルプサービスのニーズを把握するには、地域の利用状況を示す指標を作成して、事業所の数や特徴、利用者の属性や世帯構成、居住地、利用目的などとの関係性を探る必要があります。このように関連すると思われる要因を指標化し、要因間の関係性を分析する方法を社会指標法と言います。そして分析の結果を、ホームヘルプサービスの供給量を増やす、代わりとなる他のサービスの形式やシステムを考える、といったサービスの提供法の必要性の検討材料に用いるのです。

社会指標法を用いる際には、国や自治体によって収集されたデータが、自治体や地域の実情を間接的に（しかし潜在的に）反映している、という前提が必要です。このようなデータにはデータアーカイブとして、国や研究機関に保存され、公開されているものも多く、新たにデータを収集する手間が省けるというメリットがあります。

データの多くは官公庁のウェブサイト等からダウンロードが可能です。これらのデータは広範囲から収集されており、個人ベースで収集できるようなものでないことがほとんどです。また数量的なデータであるため、いわゆる客観性が確保されている、という点もメリットとなります。

一方で、必要とするデータが存在するとは限らない、というデメリットがあるのも事実です。そもそも社会指標法で用いられるデータは大規模なものが多く、それらの多くは、都道府県や自治体レベルで収集されたものとなります。よって、学区や地区レベルのデータは存在しない、あるいは入手が困難である場合が多くあります。

　また、ウェブサイト等で公開されている情報は、データ収集後すでに加工された集計データです。個人票あるいは施設ごとのオリジナル・データ（生データ）は、多くの場合、公開されていません。よって、より詳細なデータが必要となる場合には、自らデータを収集する必要が出てきます。これが次にみていくフィールド調査です。

(2) フィールド調査

　ニーズアセスメントは、多くの場合、プログラムを新規に開発したり、既存のサービスを改善したりするために実施されます。たとえば、プログラムの開発や改善を行うのは、プログラムの実務家・実践家であることが多くなりますが、現場のニーズを把握したい場合には、自ら調査する方が効率的です。そのような際に役立つのが**フィールド調査**です。

　フィールド調査の方法としては主に、社会科学の研究でよく用いられる、自記式の質問紙調査や電話あるいは対面インタビュー形式のアンケート調査が考えられます。フィールド調査では、ニーズを抱える（と考えられる）個人や地域から直接的な情報が収集されるため、ほとんどリアルタイムに現場にどのような声があるのか、何が必要とされているのか、といったことが掴みやすくなります。そして、フィールド調査の結果に基づくと、プログラムのメニュー等も具体的にイメージしやすくもなります。

また、個人への質問紙調査によるフィールド調査では、個票レベルのオリジナルデータが手元に残ります。よって、調査項目や尺度を用いてデータ構造の確認をしたり、必要であれば心理測定法や統計モデルを用いて相関・因果関係の確認をしたりと詳細なニーズの分析を行えるメリットがあります。

一方で、自らデータ収集を行わなければならないため、時間やコストそしてデータ収集や分析を行うマンパワー（人的資源）も必要になってきます。特に、フィールド調査を実務レベルあるいはその延長として行うことになれば、大きな負担になりかねません。負担が大きすぎると、そこまでしてニーズに関する客観的なデータが必要なのか、そこまでしなくても普段の実務での経験や勘を頼りに支援者側の視点でニーズを〝定義〟してしまえばよいのではないか、といった急ぎ足の結論を求める声が現場から出てくることも充分考えられます。このように、実施の負担はフィールド調査の大きなデメリットとなります。

またニーズは、願望、要望、個人の好みと深く関係していることはすでに述べました。質問紙への回答において調査者側があらかじめ想定していたニーズと回答者側が主観をもとに考えるニーズとに隔たりがないとも言えないでしょう。さらに調査実施にあたっては、すべての回答者から回答を得られるとは考えにくいため、収集されたデータが正確に母集団のニーズを表しているかどうかは、正確には分からないという懸念もあります[6]。

(3) **コミュニティフォーラム**

社会指標法、フィールド調査とデータをベースにしたニーズアセスメント法が続きましたが、それよりももっと地域に根差し、住民やサービスの利用者の声をすくい上げるために用いられるニーズアセスメント法が**コミュニティフォーラム**（community forum）です。その名が示す通り、地域（コミュニティ）で集会（フォーラム）を開き、人々の声を聞こうというものです。

具体的には、地域活動グループや自治会などの住民組織、コミュニティビジネスやＮＰＯ団体、ボランティアグループなどの定例会や地域連絡会など、様々な住民・市民の集会がコミュニティフォーラムにあたります。このような場面におけるニーズ把握では、参加者側が自らのコミュニティのニーズを自覚していることが前提となります。

一方、調査者側には、常に参加者の意見に耳を傾け、そのコミュニティが置かれている状況や問題点を把握できる洞察力が求められます。参加者の発言や議論の内容は議事録という形で保存される場合も多いため、このような記録を手がかりに、回顧的にコミュニティが抱えるニーズは何か、ということを明らかにする方法も考えられます。

[6] とはいえ通常の意識調査等を目的としたアンケートに比べると、ニーズアセスメントの回収率は高いと考えられる。

また、コミュニティフォーラムはもともと地域でのニーズアセスメント法として用いられるものではありますが、サービスの提供主体である施設や事業所などの〝組織コミュニティ〟におけるニーズを把握するのにも有効な手段であると考えられます。ここでは、サービス利用側のニーズの他、サービスの質の改善を目的としたサービス提供側のニーズアセスメント法としても応用が可能です。またフォーラムというほど大規模なものではなくても、職場の部署やユニット単位での小規模なニーズアセスメントでは、適切なファシリテーターによって、フォーカスグループ等を用いた実施も可能となります。

コミュニティフォーラムは、地域の住民が中心となって開催されることが多いため、調査側はその集会に参加する形で役割を果たすことになります。よって、比較的コストがかからないというメリットがあります。

その半面、すべての住民が集会に参加するとは限りません。話し合われる地域の問題の種類や関心度にもよりますが、昨今の地縁や地域コミュニティの減退の状況を踏まえると、集会への参加に消極的な住民が大半を占めることも充分考えられます。したがって、集会に参加しない住民の声は反映されない、あるいは反映しにくいことがデメリットとなることがあります。

(4) キーインフォーマントへのヒアリング

ニーズに関する主要な情報提供者のことを、**キーインフォーマント**と呼びます。一般には、地域や組織のリーダーやキーパーソンがこの情報提供者としての役割を果たすことになります。

キーインフォーマントへのヒアリングによるニーズ調査では、キーインフォーマントが対象となる地域や組織全体のニーズを把握しているという仮定が必要です。そして、その人が地域の代表として地域のニーズを代弁することになります。キーインフォーマントの存在は大きく、アセスメント時以外にも行政や他の地域や自治体との関係性の構築といった面でも、非常に大きな力となります。

この方法は、キーインフォーマントによってすでにニーズや意見が集約されているため、その人へのヒアリングで事足りるという点で効率的です。しかし、キーインフォーマントが常に地域コミュニティ全体のニーズが分かっているとは必ずしも言えません。むしろそのようなことを期待すること自体、理不尽な気もします。

先述のコミュニティフォーラムの場合には参加者すべてがいわばステークホルダーでした。それに対して、キーインフォーマントへのヒアリングを通じての全体的なニーズの把握では、キーインフォーマントが主要なステークホルダーとなります。よって、キーインフォーマントとなる人から語られる言葉が正確に地域や組織のニーズを代弁したものか、その人がどのようなリーダーシップをとっているか、キーインフォーマント自身の単なる個人的要求にとどまっていないか、といったあらゆる可能性に注意を払う必要が出てきます。

特に、地域というのは営利目的の企業組織とは明らかに質が違います。キーインフォーマントはあくまで地域の意見やニーズを代弁する人であり、意思決定等は〝民主的〟に行われるのが望ましい姿でしょう。もしキーインフォーマントの主観的判断からくるバイアスをもとにニーズが把握されるのであれば、地域全体としてのニーズ把握や意思決定に関する〝信頼性〟や〝妥当性〟が確保されない、というデメリットが出てきます。

4　プログラムへのニーズの反映

ニーズアセスメントは、あくまでニーズ把握の手段です。どのようなアセスメント法を用いたとしても、得られた結果がプログラムに反映されてこそ本来の役割を果たしたといえます。把握されたニーズがすべて満たされるように、あるいは問題がすべて解決できるようにプログラムに反映させるのが理想ではあります。

しかし、理想的な介入を過不足なく実施するのは、不可能に近いと考えてまず間違えありません。これは、必要資源の有無や介入の方法論が常に現実的な障害となるからです。

そのため、期待される介入の形から〝逆算して〟プログラムへのニーズ反映の仕方を探っていくのが特策といえます。理想的な介入の姿を模索しつつ、そのために必要な資源、介入の実施可能性の程度、期待される効果を合わせて検討し実施可能なプログラム介入の姿を探っていくのです。その際、後述するリソースアセスメントの結果も参考にし、プログラムによる介入という形ではなく、現在あるリソースで代用が可能であるかどうかを見定めるのも重要なポイントです。数々のリソースを一覧表などにして、順位決定の一助とするのもよいでしょう。

またニーズアセスメントの結果、ニーズありと判断されたものすべてをプログラムに組み込むことは現実的ではありません。そのような場合、反映すべきニーズの優先順位を決めることになります。

ニーズの優先順位を定める際にはまず、対象となるニーズや問題がどれだけ深刻であるかだけでなく、現実的に考えてプログラム実施で本当にそれが改善・解決することができるのかを考慮します。そこで、ニーズを反映させた暫定的なプログラムゴールを記述し、それが達成し得るかを協議しながら、介入内容の順位付けを考えるのがよいとされています[7]。

また、すべてのニーズを一つのプログラムで充足することは、所詮無理があります。利用者が抱える問題には、プログラムが提供する支援やサービス以外によって、解決されるものもあります。これらの点も考慮して、プログラムを計画していくことが重要であると言えるでしょう。

［7］ゴールの明確化評価や優先順位評価などが有用である。Chen, H. T.（1990）Theory-Driven Evaluations. Sage publication.

2-4 リソースアセスメント

これまで、個人やグループに欠如していてかつ必要であるというニーズの性質およびニーズアセスメントの方法について述べてきました。しかし、どんな人にも短所と長所があるように、個人やグループにも欠如しているものの他にすでに備わっているものがあります。これをリソース（資源）と呼びます。ここでは、このリソースについてみていきたいと思います。

1 ニーズを補うリソース

ニーズが本来あるべき生活状況や健康状態に足りないものであるのに対して、それを直接的あるいは間接的に補うのが資源、つまり**リソース**（resources）です。

ヒューマンサービスプログラムへのニーズは、生活上の支障や健康の問題が引き金となって現れてきます。しかし、プログラムの対象にはそれらの支障や問題を改善あるいは緩和する、プログラム以外の自然発生的な資源が備わっていることが多くあります。家族や友人からのインフォーマルなサポート、地域での助け合い、あるいは、個々人の自助努力などが、その例です。もしこの自然発生的な資源を有効活用することができれば、プログラムやサービスはそもそも要らなくなる可能性さえ出てきます。また、もし必要であったとしても、プログラムによる介入を最小限にとどめることができるでしょう。プログラムの実施には当然コストがかかります。コスト削減の意味では、すでにあるリソースを利用し、補完的にプログラムを実施することが望ましいと言えるでしょう。

2　リソースアセスメントとは

リソースの有無と多寡を査定することを、**資源査定**または**リソースアセスメント**（resource assessment）と呼びます。リソースアセスメントでは、たとえば、利用者が抱える問題を軽減あるいは改善するために、どのような環境的配慮がすでになされているか、利用者が利用可能な地域の資源やサービスはあるか、すでに行われている介入があるか、利用者の中にある適応能力は何か、といったことを把握します。

このリソースアセスメントをニーズアセスメントと合わせて行うと、プログラム介入で〝何をすべきか〟のほかに、〝何をする必要がないのか〟を明らかにすることが可能となります。これらの関係性を整理すると、以下のようになります。

［ニーズ］－［個人や組織のリソース］＝［プログラム介入の必要性］

3 リソースの分類

プログラムによる介入が、ニーズを満たす主要な役目を担っていることは言うまでもないでしょう。しかし、プログラム介入のターゲットは、個人や組織のリソースによっては賄うことができない状況や症状に絞るのが、予算面やすでにあるリソースの有効活用の面からも、適切であることはすでに強調した通りです。

リソースはあらゆる所に存在している可能性があるため、それを体系的に調べるには〝エコロジカル〟、つまり社会生態学的な視点が有用となります。具体的には、マクロからミクロな視点まで、次のように分類できるリソースが考えられます。

(1) 地域コミュニティレベル

リソースが存在するレベルで最もマクロなものにあたるのは、地域コミュニティレベルです。このレベルには、地域住民どうしのインフォーマルなつながり（例：近所づきあい）からフォーマルな団体や組織（例：自治会やＮＰＯ団体）といった、ネットワークやシステムとして直接的な貢献が期待できるリソースがあります。

また、居住地域や自治体に対する信頼感や主体的な住民参加の程度といった間接的な影響を及ぼす**ソーシャルキャピタル**（社会関係資本）などもリソースと考えられます[1]。ここまでは地域レベルのソフト面でのリソースと位置づけられるでしょう。

一方、地域における公共施設や保健・医療・福祉関連の施設、公園や学校といった

[1] たとえば、安田節之（2006）「ソーシャル・キャピタルと高齢者の社会参加」『高齢化が進んだ大都市近郊地域等における高齢者の社会参加促進方策とその地域社会に与える効果に関する研究』（主任研究者：植村尚史）（平成16―17年度厚生労働科学研究費補助金政策科学推進研究事業）275-306. 参照。

社会資源がありますが、これらはハード面でのリソースとなります。

(2) 組織レベル

次に〝メゾレベル〟にあたる組織レベルのリソースがあります。ここで言う組織とは、企業組織などの営利を目的とするものだけに限らず、利用者が属する団体や地域等における社会的機能のことを指すこともあります。それらの組織や団体には当然、個人（従業員）のための何らかのリソースが存在します。それは、会社の福利厚生制度をはじめとする様々な従業員支援システムといった制度面のものから、会社の上司あるいは仕事上のメンターといった組織の人間関係ならではのリソースも考えられます[2]。

(3) 家族・友人レベル

家族や友人等からの自然発生的なサポートもリソースになります。これには、たとえば、相談相手になってくれる、何かあった時に頼れる人間関係といったサポート源やネットワークなどがあります。他にも、サポート源となる家族や友人との肯定的な関係性そのものが、ニーズを抱えた利用者の心理面や行動面におけるリソースと充分なり得ると考えられます。

[2] 渡辺直登・久村恵子・中島薫(2005)「メンタリング・プログラムによる職場環境・メンタルヘルスの改善に関する介入研究」『厚生労働科学研究費補助金（労働安全衛生総合研究事業）職場環境等の改善等によるメンタルヘルス対策に関する研究』平成16年度総括・分担研究報告書、参照。

(4) 個人レベル

リソースのうち最もミクロなレベルに属するのが、利用者個人のスキルや心理的な機能です。同じレベルや内容のニーズであっても、利用者によってその感じ方や捉え方は異なります。このような個人差は、その利用者の持つ心身面のリソースによる違いと言うことができます。同じ状況を経験していても、ある人はサービスが必要と考え、別の人は必要ないと考える場合があるでしょう。これは、個人レベルのリソースの視点から捉えると、その人のもつ**レジリエンス**（resilience）といった**心理的リソース**（psychological resource）の程度の違いが一因として考えられるのです。[3]

［3］レジリエンスは、適応がとても困難だと思われるような状況や文脈、つまり逆境において、人が順応または適応していくプロセスである。Masten, A.S. (2001). Ordinary magic : Resilience processes in development. *American Psychologist*, 56, 227–238. また、予防科学に関する理論・実践の枠組みに関しては、安田節之（2006）「米国における予防研究の動向：理論的枠組みおよび介入研究の側面から」『コミュニティ心理学研究』9, 99–115 に詳しい。

2-5 プログラム・プランニング

適切なニーズを適切にプログラムに反映させるには、綿密なプランニングが必要になることは言うまでもありません。しかし、プログラム・プランニングが重要であるのは、なにもプログラムが計画どおり目標を達成できるため、という実用的な理由だけにとどまりません[1]。

よく練られた実施計画は、プログラムの存在意義の再確認や必要な資金の確保にも大きく影響してきます。社会的に意義のあるゴールが掲げられ、そのゴール達成までの綿密な実施計画が立てられているプログラムは、その必要性を認められやすくなるでしょう。さらに、しっかりとした計画は、プログラムの運営方法案を提示することにもなるため、関係者間の知識やイメージの共有につながります。

プログラム計画の開始段階では、どのようなプログラムにすればよいのかが漠然としか見えてこないため、何から手をつけてよいかが分からないことが往々にしてあります[2]。特に、プログラムが解決しようとする問題が複雑であればあるほど、関係者間の意見に食い違いが生まれたり、方向性が定まらなかったりと脱線しがちになりま

[1] 安田節之・渡辺直登（2008, p. 33）『プログラム評価研究の方法』新曜社。

[2] もちろん、社会経済状況や社会的要請によって活動方針が明らかなものもある。

[3] 行政における計画では、一般に、「基本構想」においてビジョンを明示し、「基本計画」においてそのビジョンを具現化する行政活動の事業計画を提示し、「実施計画」として計画実行のための資源配分を行うという3層構造をとっている。山谷清志（2006, p. 169）『政策評価の実践とその課題：アウンタビリティのジレンマ』萌書房。

す。これらが引き金となり、プログラムの意義や達成しようとするゴールの焦点が絞りにくくなることもあります。

　プログラムは単独で作り上げるものではなく、立場、専門性、価値観などが異なる人々との協働によって計画されるものです。よって、異なる視点を尊重しつつも全体として整合性がとれるように、プログラムの方向性を定めていくことが大切となるのです。[3]

1　活動方針の設定

　プログラムを計画する上でまず必要になるのが、プログラムのビジョン（vision）を定めるための**活動方針**の設定です。活動方針は、プログラムの**ミッション**（mission）と呼ばれることもあり、そこには使命や任務といった意味があります。活動方針は、プログラムの存在意義や方向性、つまりそもそもなぜプログラムを立ち上げたのか、プログラムは何を目指すのか、ということを継続的に示すためのいわば信条となります。

　下図に示すように、活動方針にはゴール、目標、活動を網羅する役割があり、これらは、プログラムの〝舵取り〟をしていく上で必要不可欠なものです。[4]

　もしプログラムの活動方針が明瞭でない場合には、プログラムの運営者そして実施者の動きに一貫性がなくなってしまったり、活動方針にそぐわないサービス

[4] 活動方針は長いものである必要はなく、せいぜい数行程度の簡潔な表現が適している。

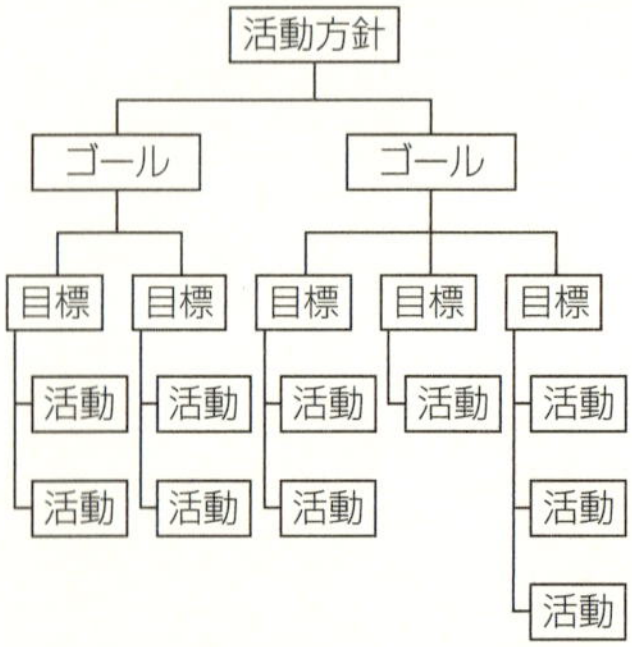

図1　プログラムゴールの構造

の提供内容や提供方法につながってしまったりする危険性があります。

たとえば、〝女性のアドボカシー（権利擁護）〟という活動方針をもったプログラムがあったとします。[5] しかし、アドボカシーに関する活動を具現化するのが困難になり、次第にプログラムの焦点がずれ、個別カウンセリング、子育て支援、就業支援といった女性によく必要とされるサービスの提供が行われたとします。ここでは、必要とされたサービスが提供されたという点においては、プログラムの存在意義は高いと言えます。しかし厳密には、そもそものプログラムの目的が女性のアドボカシーである点を考慮すると、必ずしも成功したとは言えなくなります。これは、何をもってアドボカシーとしているのかが不明瞭であったがために、本来の目的を離れて、活動のみが一人歩きしている状態です。

あるいは、プログラムの活動方針が〝無料での生活支援〟であったとします。しかし、プログラム自体の運営が困難になり、支援を有料化し費用の支払いができる利用者にのみプログラムが提供されることになってしまった場合はどうでしょうか。本来の活動方針とサービスの提供法の組み合わせが適切でないという結論になることは明らかです。[6]

このようなケースを見ても分かるように、確固たる活動方針をもとにプログラム運営そしてサービス提供がなされていないと、本末転倒な結果となってしまう危険をはらんでいます。

[5] 活動方針やゴールの構造に関しては、Brody, R.（2005, p. 25）*Effectively managing human service organizations*（3rd ed.）. Sage publications. または Kettner, P. M., Moroney, R. M., Martin, L. L. (2007, p. 124) *Designing and manging programs : An effectiveness-based approach* (3rd ed.). Sage publications. に詳しい。

[6] 不明瞭な活動方針の他にも、不確実なニーズ把握やニーズの反映の仕方が原因となることも考えられる。よって、プログラムの活動方針を戦略的な計画に基づいて行うことが大切である。上記の女性のアドボカシーおよび無料での支援のケースについては、Brody, R. (2005, p. 21) *Effectively managing human service organizations*（3rd ed.）. Sage publication. を参照。

2　プログラムゴールの設定

そこで、活動方針を明瞭にするとともに活動方針をしっかりと支えるための**プログラムゴール**（program goal）が必要になります。プログラムゴールとは、活動方針に基づいて、プログラムが目指す方向を提示するためのものです。ゴールは、数値目標などの具体的な数字で表すべきものと考えられがちですが[7]、ただ目標値などを設定すればそれでよいというわけではありません。

実際、ゴールはそれ自体が測定可能でなくてもよく、極端に言えば、必ずしも達成可能でなくてもよいと考えられます。たとえば、〝火の用心〟や〝地域ぐるみの防犯〟といった文言は、それだけでは何をどうやって測定すればよいのか、そしてそれが達成されたかも定かではありません。しかし、〝地域の安全・安心を促進する〟という活動方針を支えるべく、その方向性が示されているのは確かです。少々比喩的ではありますが、このように方向性だけはしっかりと示したものがゴールなのです[8]。

プログラムゴールには、戦略面と機能面における効用が考えられます。まず戦略面のゴールの効用ですが、ゴールが社会的にも政治的にも意義深いものである場合、賛同者が増える、運営資金への支援が得られる、などが考えられます。

次に機能面の効用としては、限られた予算を優先順位が高いゴール、実現性が高いゴールから順に割り振ることもできるでしょう。またゴールが明確であればあるほど、アウトカム評価等の指標が作成しやすくもなりプログラム評価の有効性が増しま

[7] ゴールと数値目標との混同を避けるため、あえてゴールという言葉を使用せず、使命（mission）と目標（objective）のどちらかを使用する場合もある。詳しくはHarty, H.P. (1999) *Performance measurement : getting results*. Urban Institute Press. を参照。

[8] たとえば、保育サービスの質向上という方針のもとに、「待機児童ゼロ」というゴールが政府および自治体で掲げられているが、これはあくまでゴールであって、必ずしも達成できるとは限らない。

す。これらが機能面の効用と言えます[9]。

プログラムゴールの設定がスムーズにいき、戦略面でも機能面でもゴールがうまく活用されることは決して多くはありません。もちろんプログラムゴールは、介入を焦点化すること、チームでの問題点が共有されること等々の、効果があることは確かです。ただ、ゴールを設定することで、評価の焦点を絞り込むことができ有意義な評価が行えるということについては、あくまで評価者側の言い分です。ゴールの存在が、プログラムの実施者や運営者にとっては、重くのしかかってくることも充分考えられます。

たとえば、プログラムゴールや目標値などが掲げられると、それがノルマのように課せられ、かえって畏縮させるような逆効果を招いてしまうケースも考えられます。そのような場合、明確で測定可能なプログラムゴールは、プログラムの実施者に余計なプレッシャーを与えかねません。したがって、ゴールをただ設定するだけでなく、実施と評価の両方のためにうまく使いこなす工夫が必要となるのです。

3 目 標

ゴールが広義にプログラムの方向性を示したのに対し、**目標**（objective）はより狭義にプログラムが達成しようとすることを具現化するものです。〝火の用心〟でよかったゴールに対して、目標は活動が目指す状態や状況を具体的に示さなければなりま

[9] 戦略面のゴールは曖昧に設定されがちであり、実際に評価を行うとなると、アウトカムの定義や測定がしにくくなる、といった機能面のゴールの効用と相反する面がある。Chen, H. T. (1990) *Theory-Driven Evaluations*. Sage publication.

せん。以下では、目標を設定する際に留意する点について見ていきたいと思います。

(1) 目標設定の基本

目標設定の際にまず必要なのが、ニーズアセスメントの結果です。ニーズアセスメントによって把握されたニーズを、プログラムの目標を設定する際に参考にします。ニーズを目標に反映させるためには、そのニーズがプログラムの活動によってどう満たされるのかをイメージし、目標として明言化していきます。比較的限定されたニーズを目標にする場合には、これでよいでしょう。

一方、体系的なニーズアセスメントを行うと数多くのニーズの存在が明らかになるため、把握されたニーズのすべてをプログラムの目標に置き換えるのには支障が出てきます。よって、優先順位の高い順に目標を設定していく方が、より現実的と言えるでしょう。

目標設定をする際に考慮すべきもう1つの点は、プログラムのアウトカム（成果）との整合性です。目標とアウトカムとの整合性がとれてこそ、ニーズと実践を正しくつなぐ適切なプログラムの実施そして評価が実現します。後述するロジックモデルで詳しく説明しますが、アウトカムはプログラムによって出て（out）来る（come）もので、プログラムが利用者に及ぼす影響を意味します。利用者に及ぼす影響は、利用者の態度や行動に何らかの変化が起こることによって観測されます。よって、プログラムのアウトカムを正確に捉えるためにも、それが利用者にどのような影響を「与える」のかという〝プログラム側〟からの視点ではなく、利用者がどのような変化を「する」のかという〝利用者側〟からの視点に基づいた目標設定が必要となるのです。

たとえば、教育プログラムを考える際に**学修目標**というのがあります。そこでは、教員が〝何を教えるか〟ではなく、学生が〝何ができるようになるか〟という**ラーニング・アウトカム（ズ）**が重視されます[10]。また、ヘルスプロモーションなどの領域には**行動目標**という考え方があります。そこでも、プログラムが行うことではなく、プログラムを受けた人の行動面にどのような変化・変容がみられたか、という点が強調されます。

したがって、プログラムの目標を設定する際には、〝プログラムが何をするのか〟ではなく〝利用者がどのような変化をするか〟ということを明記するようにします。

(2) 抽象化のレベル

具体的に目標を設定する際には、まず表現の仕方に注意する必要があるでしょう。プログラムの目標は、より抽象的なゴールと違って、明確で客観性があり数値測定が可能なものが適切とされています[11]。

しかし、先にみたように、測定の対象は人の態度や行動の変化という数字に表しに

[10] たとえば、文部科学省中央教育審議会答申「学士課程教育の構築に向けて」２００８年12月24日を参照。

[11] 米国の政府行政評価法（Government Performance and Results Act: GPRA）

くいものです。数字に表しにくい人の態度や行動に関する目標を設定するには、あいまいな表現を極力避け、対象となる態度や行動がイメージしやすい表現を選ぶことが大切になります。

また、目標が一義的に定義できない場合には、目標に対する多様な解釈が可能となります。したがって、プログラムの介入法も、たくさん出てくる可能性があります。これでは、目標と（その目標達成のための）プログラム介入との間に齟齬が生じかねません。よって、目標設定の際には抽象化のレベルをできるだけ低く設定し、それぞれが1つに定義でき、測定しようとする行動や態度がイメージしやすくすることが大切なのです。

具体的には、目標の記述に使用する動詞などの語句に注意し、目標が誰から見ても一通りに定まるようにするのが理想的です[12]。これは当たり前のようにも聞こえますが、いざ設定するとなるとなかなか難しいものです。

たとえば、ある心理教育プログラムの目標が「児童が実りの多い学校生活を送る」であるとします。ここでの〝実りの多い学校生活〟は、児童の視点からも教員の視点からも一義的に定まらず、何通りにも解釈可能です。つまり、実り多い学校生活では抽象度がまだ高すぎるということです。たとえば、〝児童の学ぶ意欲が増す〟や〝助け合う行動が増す〟といったより具体的で明確な目標が必要となります。

あるいは〝高齢者の地域参加を促進する〟という目標が設定されたとします。この

[12] Rossi, P. H., Freeman, H. E., & Lipsey, M. W. (1999) *Evaluation : A Systematic Approach* (6th ed.). Sage publication. 参照。

目標は、主体である高齢者の行動の変化、つまり〝高齢者が〜する〟という形ではなく、促進する側（例：行政組織）が主体となり、促進される側である高齢者が客体となった表現になってしまっています。また〝地域参加〟や〝促進される〟の2つもまだ抽象度が高いと言えるでしょう。よって、〝高齢者が自治体主催の催しに参加する〟や〝高齢者が地域のボランティア活動に参加する〟といった具体的な行動レベルまで絞り込むとよいでしょう。

(3) 動詞の使い方

プログラムの目標の方向性を1つに定めるのに有用なのが、人の行動が可視化されやすい動詞を用いることです。

先ほどの目標では、地域参加が促進されるとありましたが、この「促進する（promote）」には、様々な意味や方向性が含まれています。しかし、催しものに「参加する（participate）」となれば、その行動は一目瞭然です。このような人の行動を明確に表している動詞は、**アクション志向のある動詞（action-oriented verb）**と呼ばれており、[13] 他にも「増す（increase, gain）」「減る（decrease, reduce）」「始める（start, begin）」「止める（stop, terminate）」「終わる（finish）」「表示する（indicate, express）」「見せる（show, demonstrate）」「消える（disappear）」などがあります。

一方、目標表現があいまいになりがちな動詞には、「理解する（understand）」「感

[13] Rossi, P.H., Freeman, H.E., & Lipsey, M.W. (1999, p.4) *Evaluation : A Systematic Approach* (6th ed.). Sage publication.

じる（feel）」「改善する（improve）」「奨励する（encourage）」などがあります。このような動詞を用いると、後の効果測定において何をどう測定すればよいかが分からなくなる可能性が高くなります。よって、目標設定には適していないと言えます。

(4) 目標達成までの期間と達成程度

プログラムが恒久的に実施されることはまれで、多くの場合、実施には期限があります。よって、プログラムの目標設定でも、誰のどのような行動がいつ（いつまでに）変化するかを明示する方がよいでしょう。[14]

たとえば、先ほどの児童生徒の学ぶ意欲や助け合う行動についての目標だと、〝今学期終了までに学ぶ意欲が増す〟あるいは〝2年次修了までに助け合い行動が増す〟といったかたちになります。高齢者の場合だと、〝今年中に自治体主催の催しに参加するようになる〟となるでしょう。

また、〝～に参加する〟というように、目標達成の成否が明らかな場合を除いては、達成の程度が評価の対象となります。よって、行動をどの程度変化させるのか、そしてそれをどのように測定するか、ということを明らかにしなければなりません。

まず変化の程度は、人数等の実数で表すこともできますし、パーセント（%）で表示することもできます。[15] たとえば、先ほどの例だと、学校での心理教育プログラムを受けた結果、〝今学期終了までに60%の児童の学ぶ意欲が増す〟や〝2年次修了まで

[14] 具体的な日にちを設定することも考えられる。

[15] 目標設定に関しては、Brody, R. (2005, p. 59) *Effectively managing human service organizations* (3rd ed.). Sage publication. を参照。

に80％の児童の助け合い行動が増す〟といった目標の達成程度の表し方が考えられます。

あるいは、高齢者向けの地域参加促進プログラムを実施した結果、〝受講生１００名のうちの75名が今年中に自治体主催の催し物に参加する〟という実数で表すかたちになります。これらの数値目標の根拠となるものには、過去の類似したプログラムの実績等があります[16]。

目標設定と同時に、〝学ぶ意欲〟や〝助け合い行動〟といった構成概念をそれぞれ測定する尺度や指標が必要になります[17]。これらの情報を目標と一元化させるために、各目標に対して、その達成度を示す指標（例：意欲尺度、思いやり尺度）を書き添えることもできるでしょう。

(5) 潜在的なゴールや目標の明確化

プログラムが作られる際の理想的な舵取りのあり方を述べてきましたが、実際に実行されているプログラムは、明確な活動方針のもと、ゴールや目標もはっきりとしているものばかりではありません。実動の状態にあっても、そのゴールや目標が明らかでない場合も多くあります。その際には、再度ゴールや目標が明確化される必要があります。特に、フィールドでの活動において、プログラムの目標をより顕在化するためには、次の３つの質問から反省的にとらえることが考えられます[18]。

[16] たとえば、生活習慣病予防を目的としたプログラムであれば、介入の対象となったグループと同様の年齢・性別グループの生活習慣病関連の数値（例：体重、血糖値、血圧、死亡率等）についての情報を参考に、基準（値）を設定することが考えられる。またプログラムを受けないグループを仮想し、それと比べて、プログラムを受けたグループがどの程度効果を上げられるか、といった達成可能値なるものを予測し目標設定に役立てることもできる。

[17] 〝今学期終了までに60％の児童がＡＢＣ学習意欲尺度によって測定される学習意欲が増す〟というようにより正確に示す必要があるという見解もある。Kettner, P. M. Moroney, R. M., Martin, L. L.（2007, p. 127）*Designing and manging programs: An effectiveness-based approach.* Sage publications.

[18] Patton, M. Q.（1997, p. 154）*Utilization-focused evaluation*（3rd ed.）. Sage publication.

① 利用者と一緒に達成しようとしていることは何か

② もし支援（プログラム）が成功したとすると、支援の前後で利用者はどう違ってるか[19]

③ 利用者にどのような変化が起きてほしいか

これらの質問には〝ゴール〟や〝目標〟という言葉こそ使われていないものの、プログラムが目指す（べき）もの、特にアウトカムについての情報が多く含まれています。このように、プログラムゴールを直接顕在化させるのではなく、プログラムが達成しようとしているものからゴールを導き出してみせる方が、より実用的な場合もあります。

またここでは、利用者という個人レベルにおけるゴールについて検討しましたが、このまま利用グループあるいは対象となる組織や地域というように利用主体の次元を上げれば、より高次元の介入ターゲットに関するプログラムゴールの明確化も可能になります。

(6) ゴールとサービス提供との違い

潜在的なゴールや目標の設定に関して、気をつけなければならない点がもう1つあ

[19] 具体的には、もしプログラムが成功したら利用者の行動はどう違うか、利用者はどのように違うことを言うと思うか、などが考えられる。

ります。それは、ゴールと単なるサービスの提供方法に関する記述とを区別することです。[20]

たとえば、高齢者の地域ケアのプログラムで〝福祉サービスに関する情報が常に地域に住む高齢者に行き届くようにする〟というゴールが設置されたとします。一見すると、このゴールには何の問題もなさそうに見えます。しかし、利用者に情報が行き届くようにするのは、本来のプログラムやサービスの活動であって、ゴールにはなりえません。つまり、ここではサービス提供（service delivery）とプログラムのゴールとが混同されていることになります。

ゴールは、プログラムが提供されたことによって、どのような変化が利用者にもたらされるのかを正確に示すものです。このような点からも、ゴールを設定する際には利用者の変化に着目し、先ほどみたように「プログラムの参加者は～する」「サービスの利用者は～ができるようになる」のように参加者や利用者を主語に置く必要があります。利用者の視点に立ち、利用者を主語にして目標設定することによって、目標達成度合からプログラムの改善案を探ることも可能になってくるのです。

[20] Rossi, P.H., Freeman, H.E., and Lipsey, M.W. (1999) *Evaluation : A Systematic Approach* (6th ed.). Sage Publication.

2-6 インパクト理論

利用者の変化・変容は、プログラム介入の結果、じわじわと、しかし確実に何らかのルートやメカニズムを通じて生じてきます[1]。かぜ薬を飲むと、熱が下がる、咳が止まる、のどの痛みが和らぐ、といった症状の改善がありますが、これらの症状は一定の身体的・医学的メカニズムに沿って起こります[2]。人の行動や心理に働きかけるプログラムに関しても、それが利用者にどう効いてくるかについての、何らかのメカニズムがあるはずです。

1 インパクト理論とは

プログラムに効果があるという事は、プログラムへの参加者に何らかのインパクトを与えた状態を意味します。プログラムの介入から効果が現れる、つまりゴール（目標）が達成されるまでには、何らかの道筋があるはずです。この道筋を可視化したものを**インパクト理論**（impact theory）と呼びます。具体的には、プログラムが効果をもたらす理由や背景を参加者の視点から、つまり人の行動変化のプロセスの視点か

[1] 利用者の個人内の変化である。プログラムはそのような変化を促すものとなる。

[2] 正確には、「かぜ薬」→「アセトアミノフェンの発熱中枢への作用」→「熱が下がる」のような医学的変化によって表されるものが、ここでの〝インパクト理論〟である。大西弘高・安田節之（2010, 5）。「医学教育プログラム評価」第36回医学教育ワークショップ（於：東邦大学）

ら捉えることを目的とし評価に際して役立てようとするものがインパクト理論となります。

インパクト理論は、後に紹介するプログラムのブラックボックス化を避けることができる点で有効です。しかし、それにもまして重要なのが、評価の方法論に限界があるがゆえのインパクト理論の提示、という点を認識できることです。

プログラム評価には、実験・準実験デザインをはじめとして、あらゆる評価方法論が存在します。しかし、いくら優れた方法論があったとしても、それを実際の評価に直接的に適用するには多くの困難が伴います。よって、プログラムのインパクトを、仮説レベルのものであったとしても理論化して、原因（プログラムの介入）と結果（参加者への効果）とを説明する道筋のシナリオを設定する必要が出てくるのです。これがインパクト理論になります。

2　インパクト理論のモデリング

インパクト理論を具体的に明示するにあたっては、まず〝プログラムによってなぜ個人レベルのアウトカムの変化が起こるのか〟という原因を洗い出します。原因は1つである時もあれば複数ある時もあるでしょう。また、スムーズに捉えられる時もあればそうでない時もあります。

インパクト理論を生成するコツは、プログラムを実施する前と後で利用者はどう違っているのか（変化しているのか）をその原因と結果が何か考えながら導き出し可視化することです。

参加者の行動や態度の変化は、基本的には、プログラムの介入活動の結果生じるものです。しかし、必ずしもプログラムによってのみ生じるとは限りません。同時に存在したプログラム以外の影響が人の行動の変化に現れることも充分考えられます。したがって、インパクト理論を生成するにあたっては、プログラム介入の影響という視点を保ちつつ、その他の影響も加味した包括的な参加者の変化を示す方法が考えられます。

インパクト理論は、評価を行う上でとても大切である一方で、その定義や解釈の仕方は理論家の間で一致しているわけではありません。またインパクト理論そのものの呼び方も理論家によってまちまちで、たとえば、**変化の理論**（theory of change）、**因果関係の連鎖**（cause-effect chain）、**プログラムロジック**（program logic）、**チェンジ理論**（change theory）、**アウトカムライン**（outcome line）などと呼ばれています。[3]

ここでは、これらのエッセンスを捉え、インパクト理論における①ベースモデル、②時系列モデル、③媒介モデル、④変化の理論モデルとして整理・検討していきたいと思います。

[3] Rossi, P. H., Lipsey, M. W., and Freeman, H. E. (2004) *Evaluation : A Systematic Approach* (7th ed.). Sage publication. 参照。またインパクトにも2種類の意味があるため（2-7参照）、混同を防ぐために「効果理論」とするのもよいのではないか。

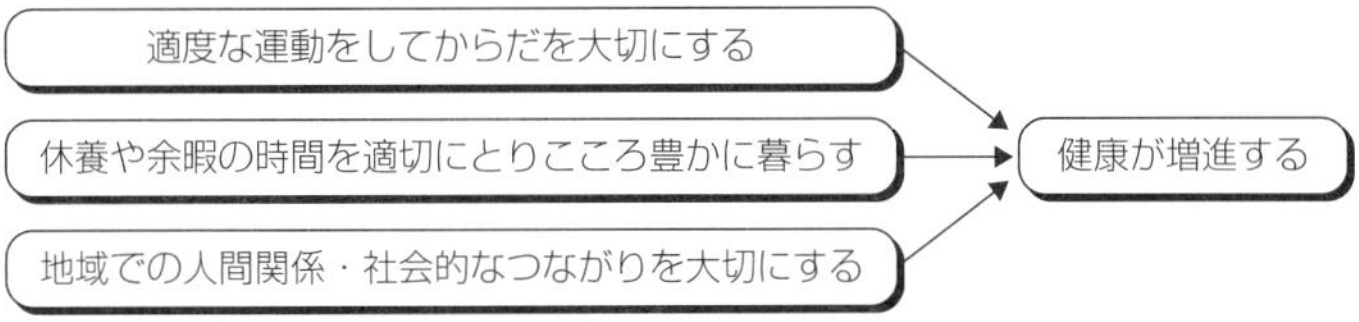
適度な運動をしてからだを大切にする
休養や余暇の時間を適切にとりこころ豊かに暮らす
地域での人間関係・社会的なつながりを大切にする
健康が増進する

図１　健康増進についてのインパクト理論（ベースモデル）

(1) ベースモデル

インパクト理論は、プログラムの提供からアウトカムが出現するまでの間のメカニズムを表します[4]。つまり、プログラムが利用者に提供され、その効果が利用者に現れてくるまでの間に生じる道筋がインパクト理論によって表されます（下図）。

たとえば、健康は身体・精神・社会の３つの側面から定義されますが、この考え方を用いてインパクト理論を生成してみると、上図のようになります。

この図をみると、実際にプログラムによってどのような活動が行われるか、誰がどのような介入を行い、いつにどの程度の効果が表れるかなど詳細なことは記述されていません。あくまで、健康を増進するためには、何をすればよいかを示しただけにとどまっています。これが**ベースモデル**のインパクト理論です。

このようにインパクト理論は、プログラムを実施したことによる人（参加者）の変化・変容の部分に焦点を当てればそれでよいのです。実際にそのような変化・変容を起こすために必要なプログラムの運営（operation）については、後に説明するロジックモデルでの検討課題となります。

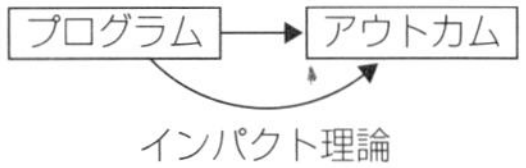
プログラム
アウトカム
インパクト理論

図２　ベースモデルの構成

[4] Weiss, C.（1998, p.57）*Evaluation : Methods for studying programs and policies*（2nd ed.）. Printice Hall. および Donaldson, S.I.（2007）*Program theory-driven evaluation science : Strategies and applications*. LawrenceErlbaum Associates. を参照。

[5] 近位アウトカム（proximal outcomes）と遠位アウトカム（distal outcomes）は、それぞれ、近接するアウトカムと遠離したアウトカムのことを指す。Rossi, P.H., Lipsey, M.W., and Freeman, H.E.（2004）*Evaluation : A Systematic Approach*

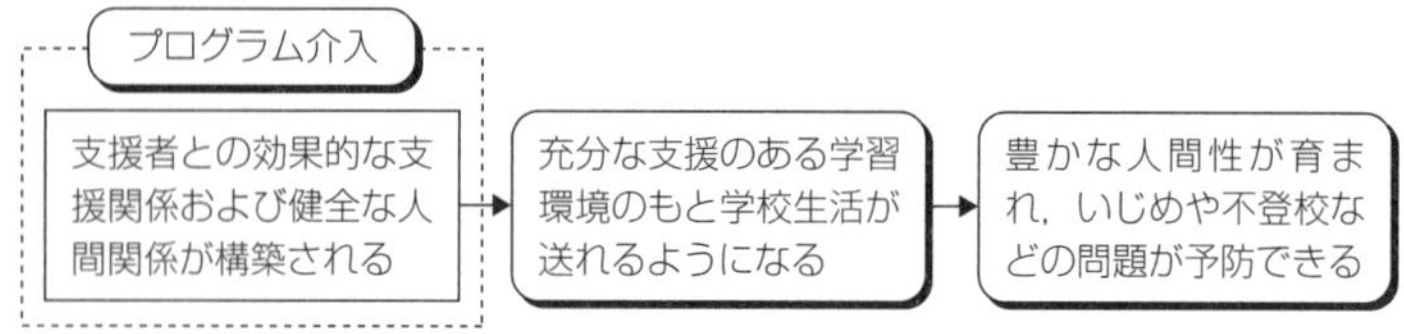

図 3　スクールカウンセリングのインパクト理論（時系列モデル）

(2)　**時系列モデル**

プログラム利用後の効果や影響を時間を追ってモデル化したものが、**時系列モデル**です。このインパクト理論は、ロッシらによるもので、プログラム実施直後に実現した利用者の状況の変化の過程と、それにつづけて現れる改善した状況に関する仮定と定義されます。よってここでは、利用者の状況の変化のプロセス（過程）を、改善された状況をイメージしながらモデリングします。具体的には、利用者の状態・状況の変化を表すために、**近位アウトカム**と**遠位アウトカム**という2つの要因をモデルに組み込み、それらの間の関係を下図のように、**アクション仮説**と**概念仮説**によって規定します[5]。

スクールカウンセリング・プログラム（上図）を例にとって考えてみると、プログラムによる直接支援（個別相談）や間接支援（教室単位での心理教育プログラム）を実施すると、生徒と支援者（スクールカウンセラー）との健全な人間関係が形成され、生徒が充分な支援のある学習環境のもと学校生活が送れるようになります（近位アウトカム）。それにより、豊かな人間性が育まれ、いじめや不登校などの問題が予防できる（遠位

(7th ed.). Sage Publication. 参照。
大島巌・森俊夫・平岡公一・元永拓郎（監訳）（2005）『プログラム評価の理論と方法：システマティックな対人サービス・政策評価の実践ガイド』日本評論社。

図 4　時系列モデルの構成

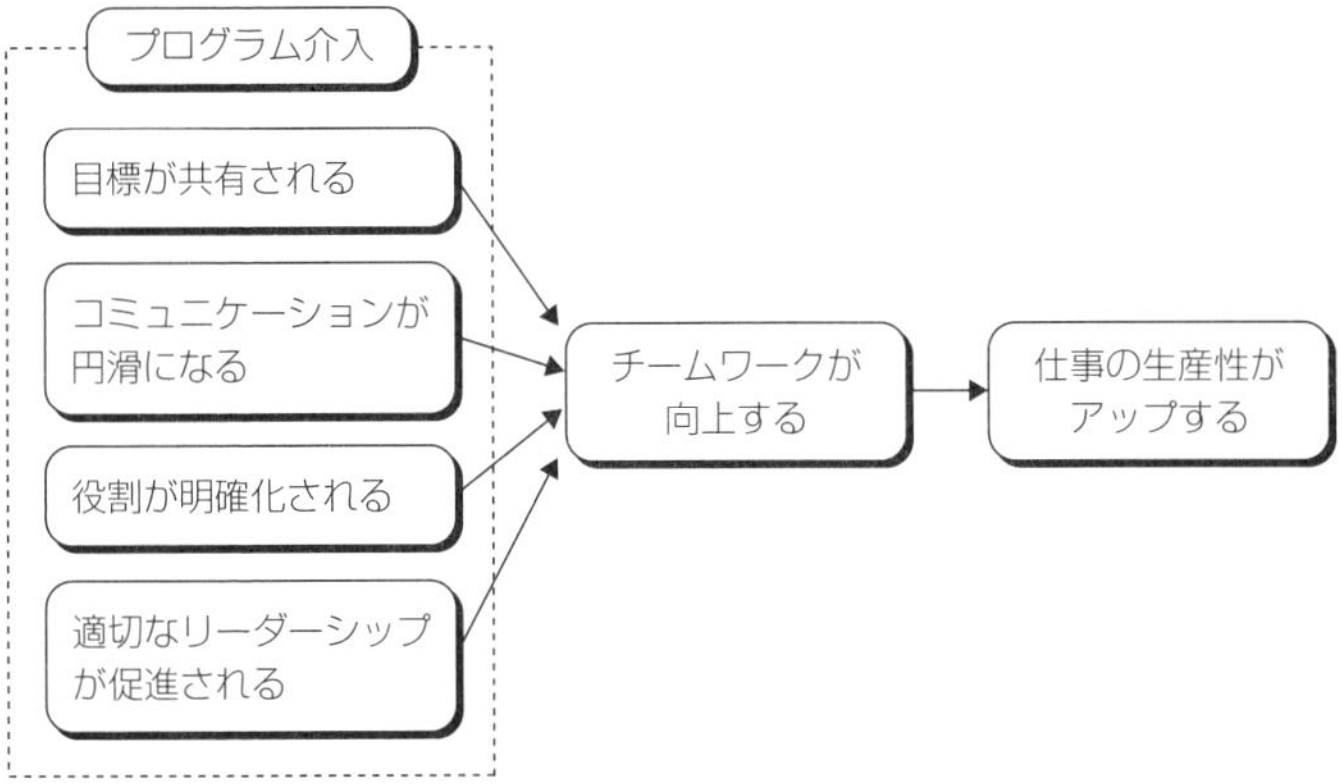

図5　チーム内連携促進のインパクト理論（時系列モデル）

アウトカム）ことになります。[6]

もうひとつ、職場におけるチーム内連携を促進するため、目標の共有化、コミュニケーションの円滑化、役割の明確化、適切なリーダーシップという4つの要因を組み入れたインパクト理論（上図）を例にとって考えてみます。この場合、プログラム実施後まず仕事でのチームワークの向上という近位アウトカムが得られ、その結果、仕事の生産性アップという遠位アウトカムが得られます。

(3)　媒介モデル

アウトカムへの決め手となる**決定要因**（determinants）を中心にプログラム実施後の利用者の変化を表示するインパクト理論もあります。決定要因が、プログラムとアウトカムの中間に位置し、媒介的な役割

［6］安田節之（2010）「プログラム評価の意義と展望：方法論の視点から」『人事試験研究』214, 2-15. を参照。

を果たすことから**媒介モデル**といいます（下図）。

ここで言う決定要因とは、たとえば、心理学におけるモデリングや、自己効力感などの社会学習理論（social learning theory）や、ヘルスプロモーション領域におけるプレシード - プロシード（PRECEDE-PROCEED）モデル[7]、といった理論やモデルで定義される要因を想定しています[8]。

たとえば、健康日本21や介護保険制度が開始されてから、生活習慣病の予防を目的としたプログラムが各地域で展開されています。これらのプログラムでは軽度の運動やレクリエーションが行われるのですが、そこには、全体を総括するリーダーが必要となります。住民のなかからリーダーとなる人々は、自分自身の運動能力やレクリエーション技術には自信があるものの、それを率先して他人に伝える自信を持っていない場合があります。そこで、どうすれば自信を持ってプログラムをリードできるか、ということに焦点をあてたリーダー養成プログラムが必要となります。

これを、リーダーとして望ましい行動がとれるようになるためには、情動面（affective）、認知面（cognitive）、動機づけ（motivation）の3側面が関連してくる、というバンデューラ（A. Bandura）の**自己効力感**（self-efficacy）の考え方に当てはめると、図のようなインパクト理論ができます（次頁上）。

リーダー養成プログラムを実施することにより、情動面、認知面、動機づけという自己効力感の向上を決定づける決定要因の向上がみられ、その結果、望ましいリーダ

図6　媒介モデルの構成

[7] Green, L. W., & Kreuter, M. W (1991) *Health promotion planning: An educational and environmental approach.* Mayfield.

[8] Chen, H. T. (2005) *Practical Program Evaluation: Asseseing and improving planning, implementation, and effectivenss.* Sage publication.

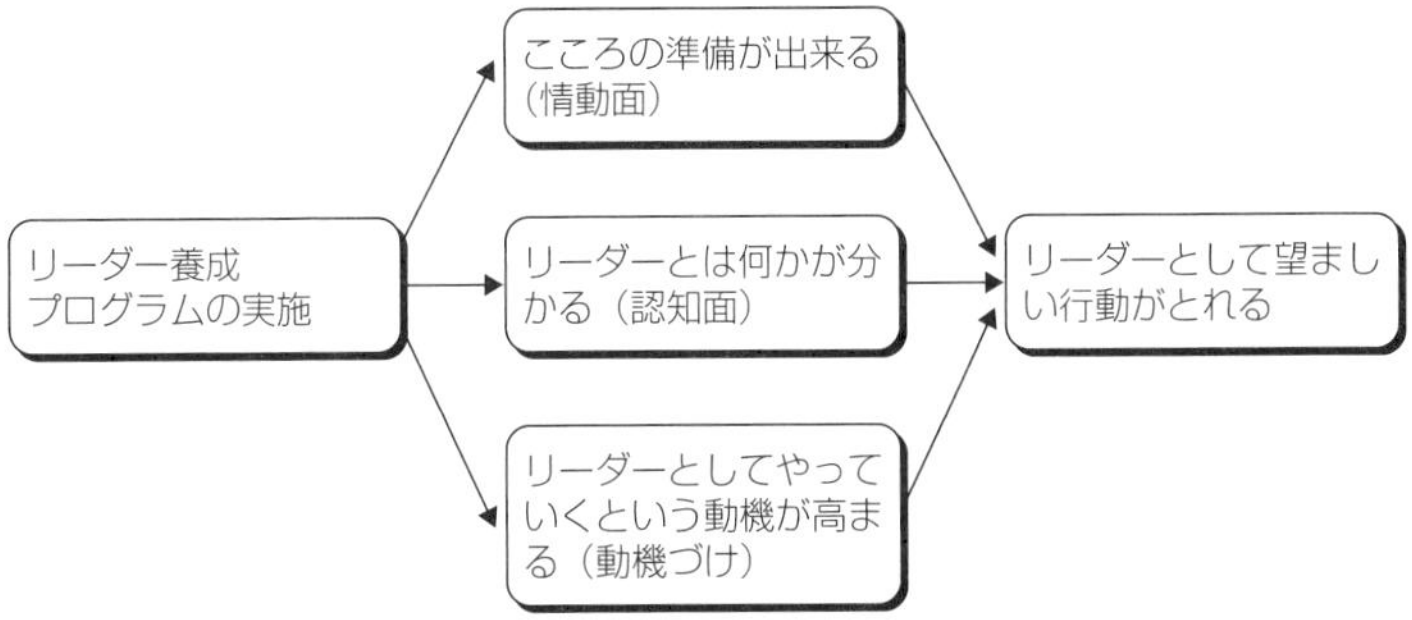
リーダー養成
プログラムの実施
こころの準備が出来る
（情動面）
リーダーとは何かが分かる（認知面）
リーダーとしてやっていくという動機が高まる（動機づけ）
リーダーとして望ましい行動がとれる

図7　リーダー養成のインパクト理論（媒介モデル）

ーの行動が生まれる、というものです。[9]

(4)　変化の理論モデル

変化の理論（theory of change）とは、その名が示す通り、プログラムによってなぜ利用者に変化が起こるのか、ということを変化の論理的連鎖（logical chain）として、示したものです。ここで変化が意味するのは、プログラムのプロセスの変化ではなく、利用者の変化です[10]。

変化の理論は、これまでみてきたプログラム理論やインパクト理論と基本的に同じなのですが、プログラム実施後からアウトカムが現れてくるまでの過程はより複雑に連鎖状の多段階になり、それにともなって利用者の変化をより詳細に示すところに特徴があります（下図参照）。

たとえば、定年退職後の地域参加を促進することによって、生活の質を向上するプログラムの変化の理論は、図のようなものが考えられます（次頁上）。

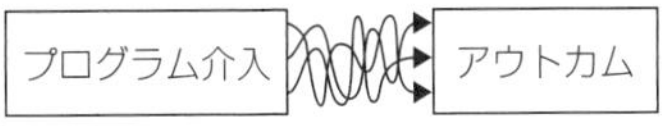
プログラム介入
アウトカム

図8　複雑な変化のプロセス

[9] そして、自己効力感の向上には、生体的現象における経験、社会的説得、社会的モデリング、習熟学習という4側面が関係してくるため、段階的にこれらをリーダー養成プログラムに取り入れることができる。Bandura, A.（1977）Self-efficacy : Toward a unifying theory of behavioral change. *Psychological Review*, 84, 191-215.

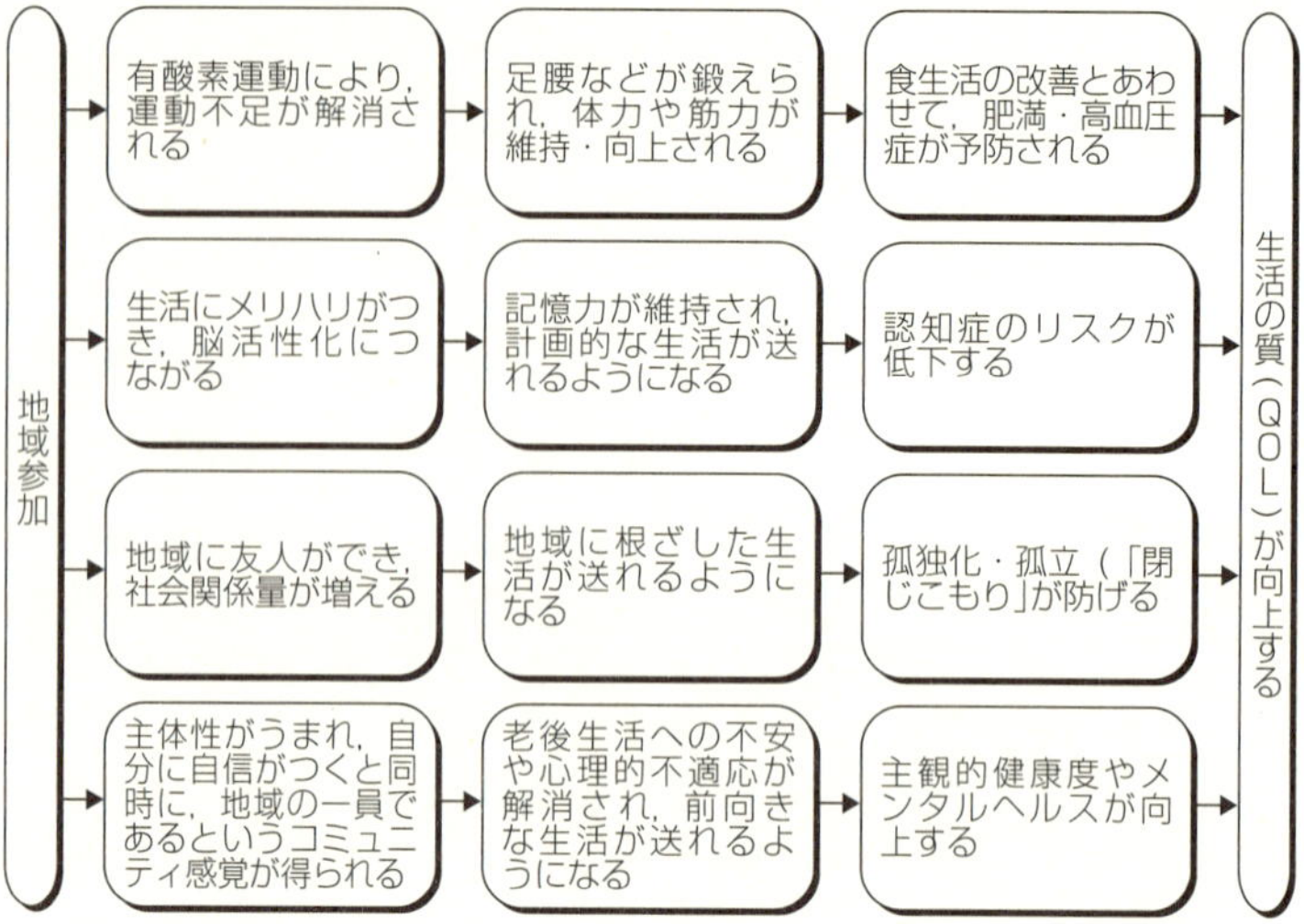
地域参加
有酸素運動により，運動不足が解消される
足腰などが鍛えられ，体力や筋力が維持・向上される
食生活の改善とあわせて，肥満・高血圧症が予防される
生活にメリハリがつき，脳活性化につながる
記憶力が維持され，計画的な生活が送れるようになる
認知症のリスクが低下する
地域に友人ができ，社会関係量が増える
地域に根ざした生活が送れるようになる
孤独化・孤立（「閉じこもり」が防げる
主体性がうまれ，自分に自信がつくと同時に，地域の一員であるというコミュニティ感覚が得られる
老後生活への不安や心理的不適応が解消され，前向きな生活が送れるようになる
主観的健康度やメンタルヘルスが向上する
生活の質（QOL）が向上する

図 9　定年退職者の QOL 向上についてのインパクト理論（変化の理論）

この変化の理論は、身体活動面の変化（運動による効果）、知的活動面の変化（メリハリのある生活による認知症の予防）、社会関係面の変化（地域での友人が増えることによる閉じこもりの予防）、心理面での変化（主観的健康感とメンタルヘルスの向上）という4つの変化によって説明されるモデルです。

以上、4つのインパクト理論のタイプについてみてきました。

このインパクト理論を〝理論的根拠〟に実際のプログラムを計画していきますが、そこで有用なのが、次項でみるロジックモデルです。

［10］変化の理論は、内容や形式を変えて頻繁に利用されているが、もとはロッシ（P. Rossi）、ウェイス（C. Weiss）、パットン（M. Patton）、チェン（H. Chen）などの代表的な理論家によって利用され始めたものである。

2-7 ロジックモデル

ロジックモデルは、プログラムをどのように運営すると利用者への変化・変容が生まれるのかを明らかにするためのツールです。

インパクト理論は〝なぜ（why）〟プログラムに効果があるのか、つまり〝なぜ参加者に変化が起こるのか〟を吟味するものでした。それに対して、ロジックモデルは〝どのように（how）〟プログラムの運営やサービスの提供を行えばよいのか、つまり〝どうやって参加者の変化を促すのか〟という点に焦点を当てます。どのようなプログラムにも応用が可能なこのロジックモデルについて、以下みていきたいと思います。

1 ロジックモデルとは

ロジックモデルは、プログラム全体の機能やオペレーションの論理（作用のロジック）を一定のルールに従ってモデル化したものです。

ロジックモデルの構成要因や流れはいたってシンプルです。作成にあたっては、以下に説明するような最低限必要な要因さえ押さえておけば、比較的自由度が高いと思われます。というのも、プログラムの機能を〝モデリング〟する方法には、決まったルールが存在するというわけではないからです。むしろ、プログラムのエッセンスさえ壊さなければ、クリエイティブになればなるほど、よいロジックモデルができると言えるでしょう。

前項でインパクト理論を説明するにあたって、かぜ薬の効用を例にとって説明しました。しかしそこでは、かぜ薬がどこからどうやって提供され（例：薬局で購入され）、それをどう服用して（例：水と一緒に食後に飲み）、どのくらいの期間（例：3日間）、どのような状態でいたら（例：安静にしていたら）、かぜが治ったかという点までは、明らかにしませんでした。かぜ薬については、そこまで説明する必要はなかったからです。

しかし、プログラムの提供法を考えていく上では、詳細な提供メカニズム、つまりプログラムのオペレーションの部分を明確化することが、プログラムを成功させる鍵となります。ロジックモデルは、それをチャート式に可視化したものです[1]。

2　ロジックモデリング

ロジックモデルは、プログラムの概要および内在する実施プロセスを、「投入資源（インプット）」「活動（アクティビティ）」「結果（アウトプット）」「成果（アウトカ

[1] ロジックモデルは1990年代から使用され始めた。主要参考文献としてUnited Way of America (1996) *Measuring Program Outcomes: A practical Approach.* United Way of America. や W. K. Kellogg Foundation. (2001) *Using logic models to bring together planning, evaluation, & action: Logic model development guide.* Author. がある。

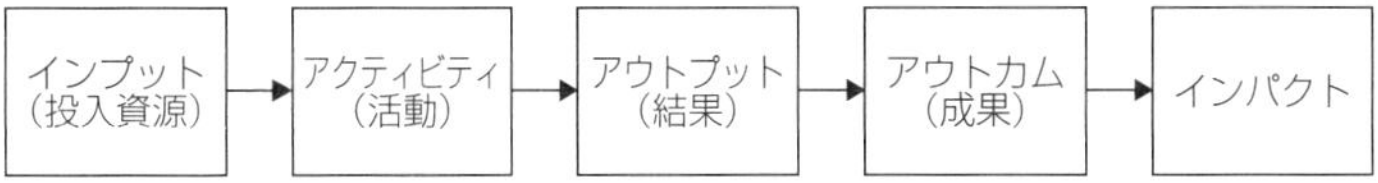

図1　ロジックモデルの基本形

ム）」「インパクト」という5つの構成要因に分けて考えます。そして、これらの要因間の関係性を〝if-then〟つまり〝もし〜ならば（if）、〜する（then）〟というロジック上のつながりで説明します。

具体的には、〝もしインプット（投入資源）が投入されれば、アクティビティ（活動）が起こり、活動が起こればアウトプット（結果）が出て、その効果としてアウトカムが得られ、最終的にインパクトを及ぼす〟という流れです。これらを図示したものが基本形のロジックモデルで、上図のように表されます[2]。

ロジックモデルで使用する〝if-then〟のロジックは、三段論法で示されるような厳密なものでなければならないわけではありません。ロジックモデルは、プログラムのあるべき理想の姿でよく、要因間のロジックは〝真〟ではなく〝仮説〟であってもかまわないのです。

また、完璧なロジックモデルができあがっても、実際のプログラムがそのモデルに従って完璧な効果を上げることができるとは限りません。車のプラモデルがあくまでも実物の車をプラスティックでかたどった模型であるように、ロジックモデルの内容も、あくまで実際のプログラムの中身や流れをかたどったものであればそれでよいのです[3]。

以下ではインプットから順に、ロジックモデルの構成要因をみていき

［2］W.K. Kellogg Foundation. (2001, p.1) *Using logic models to bring together planning, evaluation, & action : Logic model development guide.* Author.

［3］しかし、単純すぎるロジックモデルは形骸化したものになる。

たいと思います。

(1) インプット（投入資源）

インプットとは、プログラムを実施していく上で直接的・間接的に必要なために、投入される資源のことです。それは、ヒト・モノ・カネ・情報およびそれらのマネジメントというように大別されますが、具体的には、次のようなものを指します。

①プログラムの運営者・サービス提供者全般
②費用（運営費、人件費、教材費、施設利用費、通信費など）、国や自治体からの助成金、参加費・サービスの利用料など
③設備（教室等の実施場所、備品）
④運営業務（連絡・調整、企画・計画、記録・書類管理、人事マネジメント）
⑤時間的資源（準備期間および運営者・実践家・ボランティア等の活動時間）
⑥情報的資源（情報収集と管理、利用者の基本情報等）
⑦組織的資源（各種専門委員会、担当者会議、各種機関との協力体制）
⑧ネットワーク資源（個人間や地域レベルのつながり等）

(2) アクティビティ（活動）

プログラムは、主に、問題解決、予防と促進、教育と訓練を目的として実施されますが、これらの目的を〝プログラム活動〟として具現化したものが**アクティビティ**となります。[4]

プログラムと名のつくものであれば、定義上何らかのアクティビティを必ずともなっているはずです。実際、プログラムはさまざまな関連分野に領域横断的に存在するため、その守備範囲も当然広くなりますが、それらは「サービス活動（services）」または「組織構造的基盤（infrastructure）」に大別することができます。[5]

サービス活動とは、心理教育的介入や社会福祉サービスといったヒューマンサービス領域全般で提供されるサービスのことを意味します。個別的な介入（例：カウンセリングやケースワーク）、グループへの介入（例：研修やトレーニング）がサービス活動の代表的な形式であり、たとえば、学校や組織でのカウンセリングや社会的不適応予防やメンタルヘルス促進のための対人援助プログラム、企業において様々なステージで実施される社員研修やワークストレス解消のためのプログラム、地域における子育て支援プログラム、健康増進・生活習慣病予防のためのプログラム、福祉的ニーズを抱える高齢者へのアウトリーチとしての実態把握、地域コミュニティでの介護予防サービス、というようにあらゆるフィールドで実施されています。

次に、組織構造的基盤ですが、これは一般的にサービスの提供主体として捉えられ[6]、構造や機能およびそれらに内在するプログラムとしてのキャパシティ（能力一

[4] アクティビティ（activity）は、インプットからアウトプットまでの間を通るという意味で、スループット（throughput）と呼ばれることもある。Brody, R. (2005, p.39) *Effectively managing human service organizations* (3rd ed.). Sage publications. 参照。

[5] パンフレットやポスターといった教育・啓発的な資料を〝生産物（products）〟としてプログラム活動に位置づけることもある。その場合、アクティビティは3分類ということになる。安田節之・渡辺直登（2008）『プログラム評価研究の方法』新曜社、参照。

[6] その場合、厳密にはロジックモデル上のインプットとも位置づけられる。

般）を与えることを指しています[7]。

(3) アウトプット（結果）

アウトプットとは、アクティビティの実施により産出されるモノや状況のことです。活動を行った後には、プログラム成果《アウトカム》の有無に関わらず、その仕事量が数字等の結果として産出されます。たとえば、活動回数、活動期間、参加者数（サービスの利用者数）および属性（例：性別、年齢、居住地域等）、配布された資料の数などがアウトプットにあたり、これらはいずれも、数値や記録といった目に見える形で存在します。

アウトプットは〝結果〟と訳されるため、プログラムが利用者に及ぼした効果（アウトカム）と同義的に捉えられてしまう場合があります。しかし、アウトプットとアウトカムとは同一ではありません。アウトプットとは、あくまで〝出力〟であって、出力の実質的な中身である〝効き目があったのか（なかったのか）〟という点は、次に説明するアウトカム（成果）を査定することによって判断されます。

たとえば、地域参加促進をゴールとしたプログラムにおいて、告知のために配布されたチラシの数（アウトプット）とそのチラシを見て実際に参加した人の数（アウトカム[8]）とは一致しないことがほとんどでしょう。あるいは、教育にかかったお金（アウトプット）の分だけ教育的効果（アウトカム）が現れるかというと、そうとは限り

[7] W. K. Kellogg Foundation. (2001) *Using logic models to bring together planning, evaluation, and action: Logic model development guide.* Author.

[8] およびその人たちへの効果（例：生活の質の向上）。

ません。このように例からも分かるように、アウトプットとアウトカムの違いには注意を払う必要があるのです。

(4) アウトカム(成果)

アウトカムとは、プログラムへの参加やサービス提供によって生じた参加者や利用者への効果のことです。主に、行動・態度・意欲・知識・スキルなどの変化・変容がアウトカムとして捉えられますが、これらはいずれも、プログラムやサービスの活動(アクティビティ)の実施後の影響として参加者・利用者に現れてきます。

　アウトカムは、少なくとも理論的には、利用者に現れる肯定的な変化であるため、参加者・利用者側が得たメリット(価値)として定義・定量化することができます。たとえば、〝できないことができるようになった〟〝知らなかったことを知った〟といった場合には利用者にメリットがあります。これをアウトカムとして測定するのです。

　一方で、いくら質・量ともにすぐれたプログラムを提供したとしても、参加者に変化が出ない場合あるいは否定的な効果が現れてしまう場合があります。そのような場合には、利用者にはメリットがなかった(あるいはデメリットが生じた)ということになります。つまり、プログラムは効果がなかった、あるいは否定的効果を生み出した、と判断されることになります。

(5) インパクト

プログラムが参加者のレベルを超えて派生的・副次的な影響を及ぼすこともあります。プログラム実施後ある一定の期間を経て、間接的に現れる影響を**インパクト**と呼びます。

たとえば、職場におけるモチベーションマネジメント・プログラムを導入した結果、参加者個人への肯定的なアウトカムの他に副次的な影響として、職場全体の雰囲気や組織的な風土の向上（変化）が認められたとします。これらの変化がインパクトとなるのです。

または、自治体レベルでの若年層向けの就業支援プログラムが実施され、効果が確認されたことにより、国や都道府県の制度レベルでプログラムが展開されることになったとします。この制度レベルの展開が当初から計画されていたのではなく、プログラム実施後の肯定的なアウトカムを受けてのことであった場合、それをインパクトと呼ぶことができます[9]。

あるいは、介護予防プログラムの効果が地域の高齢者の健康増進として現れた上に、長期的な副次的効果として、自治体の医療費の抑制につながったとします。そうすると、医療費の抑制という部分がインパクトとなります。

ロジックモデルにおけるインパクトと、先述したインパクト理論におけるインパクトには、概念上の違いがあるので、ここではその違いについてみてみたいと思いま

[9] もちろんこのようなプログラムがモデル事業等として試験的に実施され、その評価結果を受けて、より大規模なプログラムの実施に踏み切ることもある。その場合においても、プログラム自体のアウトカムを超えた所に意思決定が存在するので、インパクトと呼ぶことができる。

す。[10] ロジックモデルにおけるインパクトとは、これまで見てきたように、アウトプット（結果）およびアウトカム（成果）の次の段階において現れてくるものです。

一方、インパクト理論において明らかにされるインパクトとは、利用者に起こる変化の道筋のことを意味します。[11] このインパクトは**実質効果**（net effect）として現れてくるものであり、この実質効果は、後述するように、外生要因と呼ばれるプログラム介入以外の要因を除いた部分の〝ピュア〟な効果のことを指します。[12] これら2つのインパクトは、明らかにその意味合いが異なるため、文脈や場面によって使い分けることが必要となってきます。

3 ロジックモデルの例

プログラムの構造や機能のロジック・モデリング法は様々ですが、以下では、スクールカウンセリング・プログラム、体験型学習プログラム、研修プログラムを例にとってみていきたいと思います。[13]

(1) スクールカウンセリング・プログラムのロジックモデル[14]

まずスクールカウンセリング・プログラムのロジックモデルですが、ここでのインプットは、学校における支援活動に必要となる資源を大まかに示したものです（図2）。スクールカウンセラー（SC）はもとより、個別面接が行われる相談室といった

[10] より専門的には、ロッシ（P. Rossi）が定義するインパクト（impact）とケロッグファウンデーション（W.K. Kellogg Foundation）が定義するインパクトの違いである。安田節之・渡辺直登（2008, p.104）『プログラム評価研究の方法』新曜社、参照。

[11] この変化の道筋はアウトカムの構造と考えることができる。

[12] Rossi, P.H., Freeman, H.E., & Lipsey, M.W.（1999, p.4）*Evaluation : A Systematic Approach* (6th ed.). Sage publication.

[13] このようなプログラムレベルのロジックモデルの他にも、〝ケースレベル〟のオペレーションをロジックモデルの枠組みから解釈することも出来る。安田節之（2009, 6）「個別事例のロジックモデリングによるプログラム評価手法開発の試み」第12回 コミュニティ心理学会大会 口頭発表（於：東北大学）。

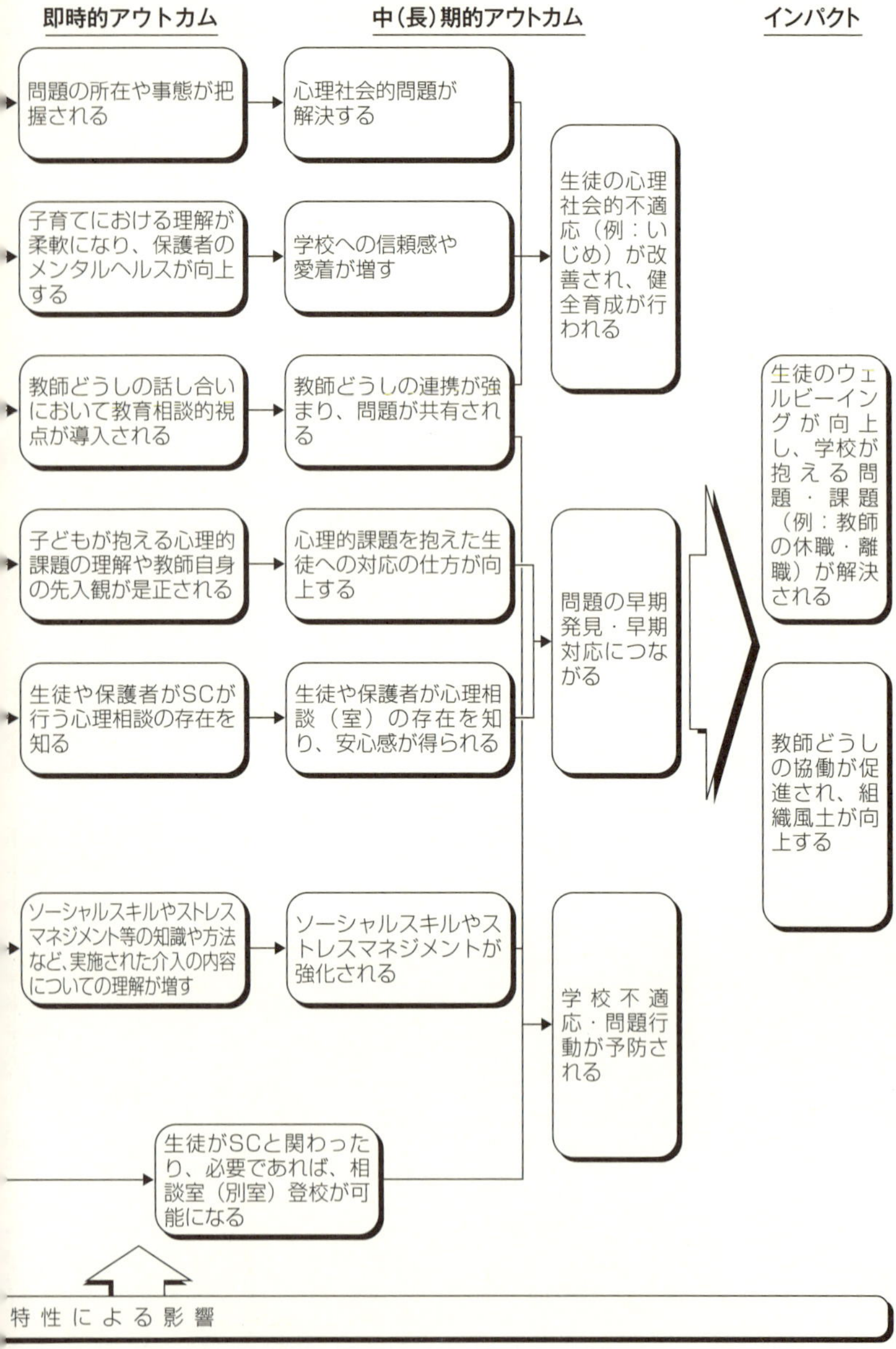
即時的アウトカム
中(長)期的アウトカム
インパクト
問題の所在や事態が把握される
心理社会的問題が解決する
子育てにおける理解が柔軟になり、保護者のメンタルヘルスが向上する
学校への信頼感や愛着が増す
生徒の心理社会的不適応(例:いじめ)が改善され、健全育成が行われる
教師どうしの話し合いにおいて教育相談的視点が導入される
教師どうしの連携が強まり、問題が共有される
子どもが抱える心理的課題の理解や教師自身の先入観が是正される
心理的課題を抱えた生徒への対応の仕方が向上する
問題の早期発見・早期対応につながる
生徒や保護者がSCが行う心理相談の存在を知る
生徒や保護者が心理相談(室)の存在を知り、安心感が得られる
生徒のウェルビーイングが向上し、学校が抱える問題・課題(例:教師の休職・離職)が解決される
教師どうしの協働が促進され、組織風土が向上する
ソーシャルスキルやストレスマネジメント等の知識や方法など、実施された介入の内容についての理解が増す
ソーシャルスキルやストレスマネジメントが強化される
学校不適応・問題行動が予防される
生徒がSCと関わったり、必要であれば、相談室(別室)登校が可能になる
特性による影響

・プログラムのロジックモデル

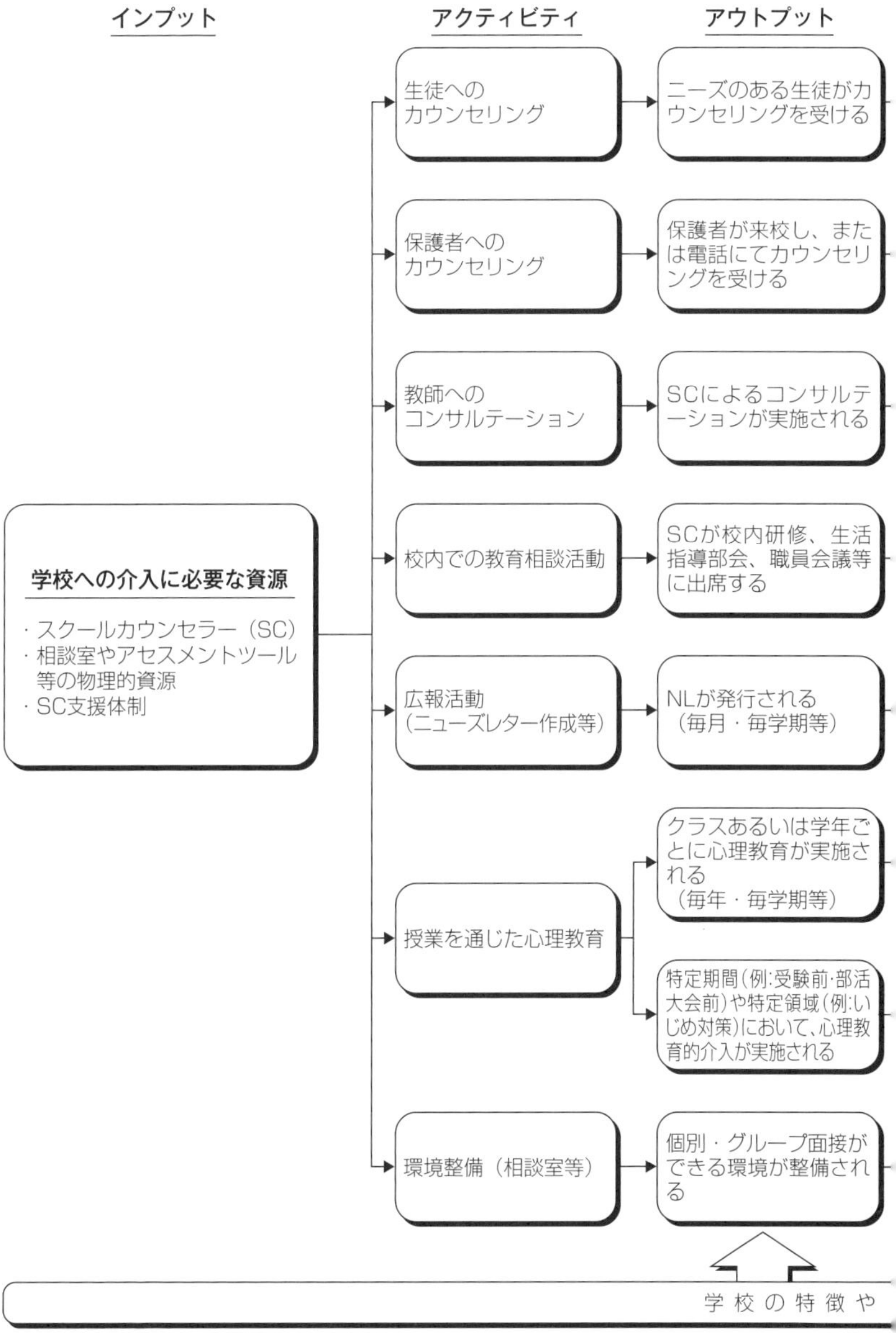
インプット
アクティビティ
アウトプット
生徒へのカウンセリング
ニーズのある生徒がカウンセリングを受ける
保護者へのカウンセリング
保護者が来校し、または電話にてカウンセリングを受ける
教師へのコンサルテーション
SCによるコンサルテーションが実施される
学校への介入に必要な資源
・スクールカウンセラー（SC）
・相談室やアセスメントツール等の物理的資源
・SC支援体制
校内での教育相談活動
SCが校内研修、生活指導部会、職員会議等に出席する
広報活動（ニューズレター作成等）
NLが発行される（毎月・毎学期等）
授業を通じた心理教育
クラスあるいは学年ごとに心理教育が実施される（毎年・毎学期等）
特定期間（例:受験前・部活大会前）や特定領域（例:いじめ対策）において、心理教育的介入が実施される
環境整備（相談室等）
個別・グループ面接ができる環境が整備される
学校の特徴や

図2　スクールカウンセリング

ハード面の設備やSC支援体制といった側面での資源などがインプットとなります。アクティビティとしては、生徒や保護者へのカウンセリング、教師へのコンサルテーション、広報活動や授業での心理教育といった計7つの支援活動が組み込まれました。そして、各アクティビティに対して、1~2つのアウトプットが存在します。モデルには組み込まれてはいませんが、ケース記録や活動記録などを参考に、支援の内容・頻度・利用者（生徒など）の状況も当然把握されることになります。

そしてアウトカムですが、このモデルでは即時的アウトカムと中長期的アウトカムを提示し、それぞれの期間が6カ月と1~2年となっています。特に、中長期的アウトカムは、スクールカウンセリングが目指す方向、つまり期待される目標と連動している部分になります。

最後に、生徒のウェルビーイングの向上・学校の課題解決および教師同士の協働の促進・組織風土の向上がプログラムの肯定的な副次的効果としてのインパクトとして組み込まれました。

(2) 体験型学習プログラムのロジックモデル

次に、大学での初年次教育などの一環として行われている、体験型学習プログラムのロジックモデルについてみていきたいと思います。[15] 講義形式の授業ではなく、〝学びのコミュニティ〟という活動方針のもと、20~30人程度の学習者が集まり、座学で

[14] 安田節之（2009）「心理学におけるプログラム評価実践の基礎」『臨床心理学』49, 31-38.

[15]「協調学習モデルと実践共同体（コミュニティ・オブ・プラクティス）による「学び」の創造（授業デザイン）に関する研究」（平成22年度 西武文理大学共同研究費　研究代表者：徳田行延）

はなくスポーツ（例：サッカー）を通じて、他者との関わりあいの中で学び合うというものです。

このロジックモデルでは、学びのコミュニティを中心に設定し、アクティビティの本質的な要素として「問題発見」→「ゴール設定」→「実践」→「振り返り（ミーティング）」の４つを抽出したものをその外側に置きました。そして、アクティビティの過程において起こるアウトプットをさらにその外側に、次の４要因で表しました。

①問題点を発見し、それを解決するためのゴールを設定する
②ゴール達成のための行動をとる
③実践を通じて多くのことに気づき、積極的に言語化する
④理想的な学びのコミュニティとは何かを、個人と集団の視点から省みる

アクティビティとアウトプットを経て学習者に最終的に生じるアウトカムは合計で８要因あり、これらを円の最も外側に設定しました。

①課題を発見する力がつく
②創造的な発想ができるようになる
③内的動機づけが高まる

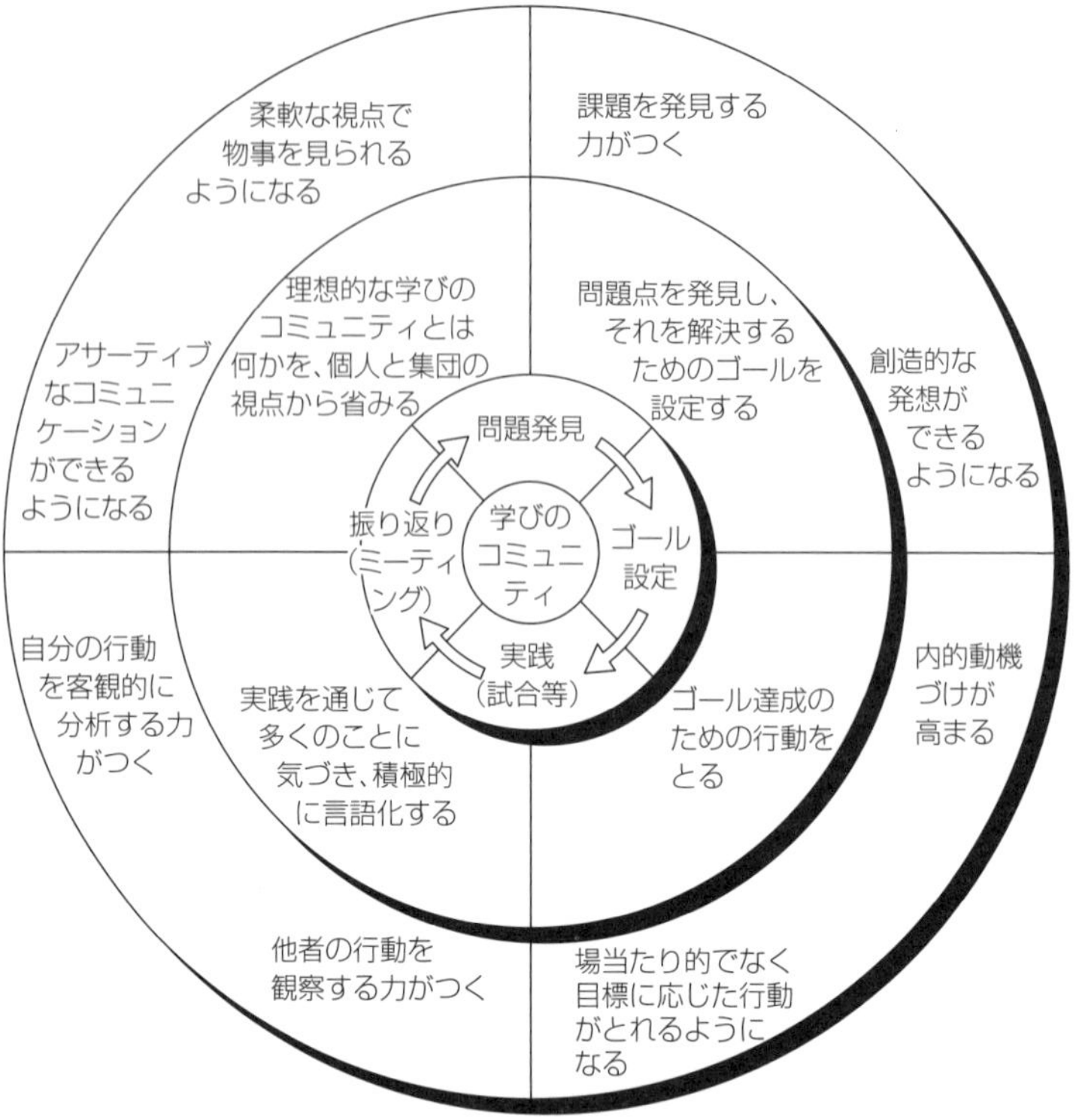
柔軟な視点で物事を見られるようになる
課題を発見する力がつく
アサーティブなコミュニケーションができるようになる
創造的な発想ができるようになる
理想的な学びのコミュニティとは何かを、個人と集団の視点から省みる
問題点を発見し、それを解決するためのゴールを設定する
問題発見
ゴール設定
実践(試合等)
振り返り(ミーティング)
学びのコミュニティ
自分の行動を客観的に分析する力がつく
実践を通じて多くのことに気づき、積極的に言語化する
ゴール達成のための行動をとる
内的動機づけが高まる
他者の行動を観察する力がつく
場当たり的でなく目標に応じた行動がとれるようになる

図3　体験型学習プログラムのロジックモデル

④ 場当たり的でなく目標に応じた行動がとれるようになる
⑤ 他者の行動を観察する力がつく
⑥ 自分の行動を客観的に分析する力がつく
⑦ アサーティブなコミュニケーションができるようになる
⑧ 柔軟な視点で物事を見られるようになる

(3) 研修プログラムのロジックモデル

最後に研修プログラムのロジックモデルについて見てみたいと思います。通常、研修の内容はシラバス形式で示されています。このモデルの構造も基本的にはそれと同じではあるのですが、研修後に得られるアウトカムを各回ごとに明示したところに特徴があります。通常のシラバスに書かれているのは、研修全体としての到達目標とプログラムのアクティビティに当たる各回の研修内容についてです。しかし、毎回の研修で何が得られるのか、という点についてまでは明らかにされません。

この図のように、各回のアウトカムをロジックモデルに組み込むと、プログラムのブラックボックス化が避けられ、参加者側からも運営側からも、プログラムが目指す詳細な方向性が見えると考えられます。また、定量的なプロセス評価やアウトカム評価においては、評価指標の作成にも役立つでしょう。[16]

[16] ここでは、健康についての1カ月の研修を想定しているが、もちろんそれ以外の内容や研修期間についても応用ができる。

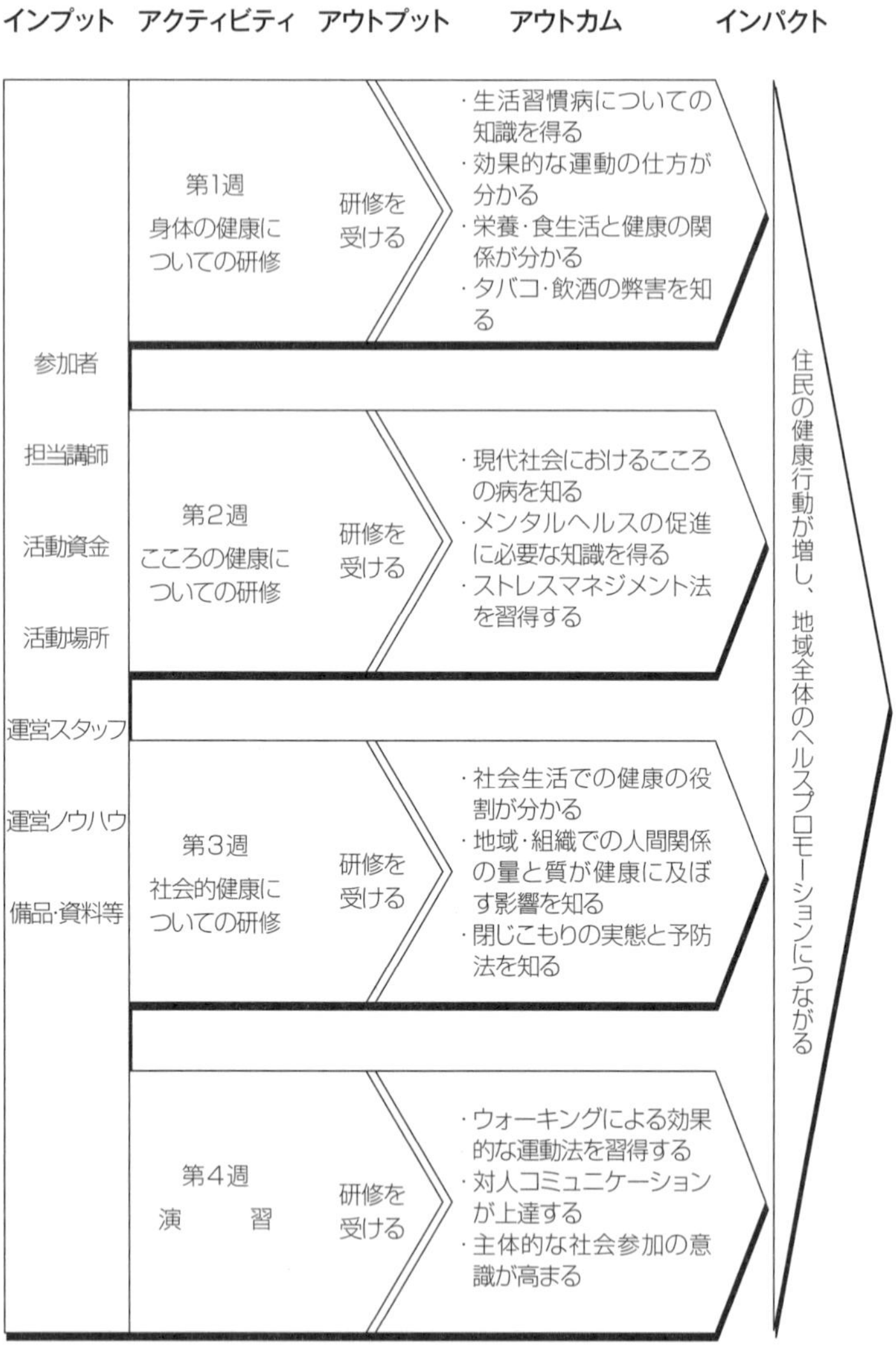

インプット
アクティビティ
アウトプット
アウトカム
インパクト
参加者
担当講師
活動資金
活動場所
運営スタッフ
運営ノウハウ
備品·資料等
第1週
身体の健康についての研修
研修を受ける
·生活習慣病についての知識を得る
·効果的な運動の仕方が分かる
·栄養·食生活と健康の関係が分かる
·タバコ·飲酒の弊害を知る
第2週
こころの健康についての研修
研修を受ける
·現代社会におけるこころの病を知る
·メンタルヘルスの促進に必要な知識を得る
·ストレスマネジメント法を習得する
第3週
社会的健康についての研修
研修を受ける
·社会生活での健康の役割が分かる
·地域·組織での人間関係の量と質が健康に及ぼす影響を知る
·閉じこもりの実態と予防法を知る
第4週
演　　習
研修を受ける
·ウォーキングによる効果的な運動法を習得する
·対人コミュニケーションが上達する
·主体的な社会参加の意識が高まる
住民の健康行動が増し、地域全体のヘルスプロモーションにつながる

図4　研修プログラムのロジックモデル

2-8 評価可能性アセスメント

プログラムの評価には、準備から実施に至るまで多大な時間とコストがかかります。それらを無駄にしないためにも、評価を行う前にあらかじめ評価ができるのか、評価が実り多いものであるか、という点についての見立てをするのが賢明でしょう。

プログラムの構造や実施状況を包括的に査定し、評価が可能であるかを見極めることを、**評価可能性アセスメント**（evaluability assessment）と呼びます。評価可能性アセスメントは「プログラム評価者に、有用な評価はどのようなものであるかを見極めさせ、どのような手順による評価が可能であるのかを検討させ、有用な評価をデザインさせるためのもの」[1]と定義されています。

プログラム評価の手法は汎用性があるため、若干の融通を利かせると[2]、どのようなプログラムでも評価ができそうに思えます。しかし評価を実施するためには、最低限プログラムが機能していなければならないし、評価実施に関するいくつかの必要条件をクリアしていなければなりません。

たとえば、プログラムとは名ばかりでそもそも活動の実体がなければ、効果など期

[1] Wholey, J.S.（2004, p.33）Evaluability Assessment. In J.S. Wholey, H.P. Hartry, & K.E. Newcomer（Eds.）. *Handbook of Practical Program Evaluation*（2nd ed.）.（pp. 33-62）. Jossey-Bass.

[2] 厳密には各手法や手順に決まった〝作法〟はあるが、フィールドの要請やプログラムの状況によってはその作法をくずし、臨機応変に運用がなされているという意味である。

待できるはずがありません。また、プログラム自体はしっかりとしたものであってもプログラムの運営者やステークホルダー側が評価を望んでいない、あるいは評価の必要性は感じていたものの評価に関する意見の一致が得られない場合には、評価の計画と実施には時期尚早でしょう。

プログラムの効果を〝疑う〟役割がある評価者に対して、そして評価結果がプログラム運営に何かの悪影響を及ぼさないとも限らない評価自体に対して、否定的な態度を示す運営側のスタッフは少なくありません。そのような態度は、間接的あるいは直接的に評価の妨げになります。

以上のように、プログラムの実施状況および評価を妨げる要因を分析し、評価実施に関する必要条件を提示したものがが評価可能性アセスメントです[3]。

1　評価可能性の検討

プログラムがプログラムとして存在するためには、特定の社会的・教育的理念のもと設定されたゴールや目標が必要であることはすでに述べました。実際のところ、ゴールや目標が定まっていればどのような事業や活動もプログラムとみなすことができるとまで言われています[4]。ただ一般的には、評価が可能なプログラムには、次のような特徴があります[5]。

[3] １９７０年代のアーバンインスティテュート（Urban Institute）のホーリー（J. Wholey）らが考案。くわしくは、Wholey, J.S. (2004) Evaluability Assessment. In J.S. Wholey, H.P. Hartry, and K.E. Newcomer (Eds.). *Handbook of Practical Program Evaluation* (2nd ed.). (pp. 33-62). Jossey-Bass.参照。

[4] US General Accounting Office (1998) *Performance measurement and evaluation: Definitions and relationships.* (Document number GAO/GGD-98026).

[5] Wholey, J.S. (2004) Evaluability Assessment. In J.S. Wholey, H.P. Hartry, and K.E. Newcomer (Eds.). *Handbook of Practical Program Evaluation* (2nd ed.). (pp. 33-62). Jossey-Bass.

① プログラムのゴールや目標がしっかり立てられている
② 介入の手順や方法が明確かつ整合性がとれている
③ プログラムが参加者・対象者にしっかりと行き届いている
④ 評価データが入手可能である
⑤ 評価の目的と評価結果の利用目的がはっきりとしている
⑥ 評価を実施することの同意が得られている

これらの特徴は、一見すると、プログラムを実施する際にすでに考慮済みであるかのようにも思えます。しかし、プログラムには様々な意見を持ったステークホルダー、様々な〝思い〟や〝願い〟を持った支援者がいます。これらすべてを集約しプログラムを準備し、実施中にも継続的な連携を行い、プログラムの質を維持した上で評価を行うのは決して容易なことではありません。さらに、評価結果を有意義に役立てるためにはどのような視点や評価手法を用いればよいのか、という評価の理論面や技術面に関する点が明らかになっていないことが多くあります。

評価主体が誰で、評価実施にどのような負担がともなうのかも、評価可能性の程度に大きく関係してきます。たとえば、臨床心理や社会福祉におけるフィールドの支援者は、いくらプログラムやサービスの質の向上を目指すためといっても、日々の支援業務に追われプログラム評価どころではないという現実があります。[6]

[6] あるいは、自治体職員が度重なる評価にまつわるペーパーワークの多さから〝評価疲れ〟に陥るケースや、評価が本来の行政運営業務とは別枠で設定されることにより負担増となり、評価対象の業務を悪化させるという悪循環に陥った結果、〝アカウンタビリティのジレンマ〟を抱えることにもなる。詳しくは、山谷清志（2010, p.19）『公共部門の評価と管理』晃洋書房を参照。

また、評価そのものの意義や目的、サービスの利用者を評価対象にすること、得られた評価結果の開示法・利用法などに懐疑的な運営者や支援者が少なからずいます。「評価」という言葉や概念が一人歩きし、そもそもあるマイナスのイメージも手伝って、日常的な業務や負担の増加、評価結果から読み取られる自らの支援への悪影響といった実施者にとっての弊害を生じさせる危険もはらんでいます。

したがって、どのような評価者にとっても、評価をスムーズに計画し実行に移すのは、たやすい訳ではありません。だからこそ、実際に評価に踏み切る前にその可能性を吟味する、評価可能性アセスメントが役立ってくるのです。

2 評価可能性アセスメントの手順

(1) プログラムの目的と問題点の再確認

プログラムの評価可能性アセスメントを行うには、まず、そのプログラム実施の目的は何か、そしてもっと重要なこととして、どのような目的で評価を行うのか、評価によって何を達成しようとしているのか、を明確にするとよいでしょう。ここで大切なのが、プログラムのゴールの存在です。具体的には、設定されたゴールに対して投入された資源（インプット）、活動内容の状況の把握、参加率等のアウトプットの大まかな情報を収集します。

プログラムが何の問題もなくスムーズに行われていることは、まずあり得ないと考えてよいでしょう。多かれ少なかれ、何らかの問題・課題を抱えているのが普通です。したがって、それらの問題点について考え、プログラムがうまくいっていない点についての情報を収集し、それがどのような内容や種類（例：経済的なものか、マンパワーについてか、ニーズと介入のミスマッチかなど）のものであるかを見極めます。

(2) ワーキンググループの形成

評価というプロジェクトは一人で完遂されるものでは到底ありません。評価のもとになる作業のまとめは評価者自身で行えても、評価に関わるステークホルダーは数多くいます。したがって、ステークホルダーの意見を有機的に評価に反映するためにも、評価可能性アセスメントの段階で、**ワーキンググループ**（作業部会）を形成するとよいでしょう。このワーキンググループをどのようなメンバーで構成するのか、という点については様々な配慮が必要です。

たとえば、外部評価や第三者評価のように、評価の透明性・客観性が求められる場合には、評価者はプログラムの運営関係者とは独立した形で評価に携わることが多くなります。よって、評価者が中心となってワーキンググループを組織することもできます。

一方で、評価がプログラムの改善を目的として行われる場合は、評価結果の行方つまり利用目的と利用方法が人によって異なってきます。評価結果をプログラム全体の改善やアカウンタビリティのための情報源として利用するのはステークホルダーですが、それをフィールドでのプログラムの質やサービス提供法の向上のために用いるのは支援者（実践家）です。したがって、ワーキンググループの組織にあたっては、これらの人々を始め様々な関係者の意見を幅広く反映できるような人選が必要となってきます。

また多くの専門家がグループに参加することになると、それぞれの専門性や個性が否応なしに発揮されることになります。その際には、それらを有機的に活用する意味も含めて、評価の実務・運営などのマネジメントを担当する**マネジメントグループ**と評価のデザインや方法論等を担当する**メソッドグループ**などを設置するとよいでしょう。[7]

(3) プログラム分析

ワーキンググループができたら、多面的・複眼的に**プログラム分析**を行います。プログラムを分析すると言っても、どこから手をつければよいかが分からない場合も多いことが予想されます。この段階で役に立つのが、先にみたロジックモデルやインパクト理論です。特にロジックモデルには、プログラムのあらゆる情報が凝縮されているので、まずはロジックモデルを使用してプログラムの分析を行っていきます。

[7] 政策グループ（policy group）と作業グループ（work group）とすることもできる。Wholey, J.S. (2004) Evaluability Assessment. In J.S. Wholey, H.P. Hartry, and K.E. Newcomer (Eds.). *Handbook of Practical Program Evaluation* (2nd ed.). (pp. 33-62). Jossey-Bass. 参照。

また、もしロジックモデルが存在しないのであれば、この段階で作成するとよいでしょう。評価可能性アセスメントでロジックモデルを用いる際には、特に以下のことに注意する必要があります。[8]

① プログラムの実質上のゴールとステークホルダーが期待する理想上のゴールおよびそれらの違い
② ロジックモデルの要因間の因果関係
③ ステークホルダーがどの要因のどのような情報を必要としているか
④ プログラムの実施期間や実施程度は参加者にとって適切なものか
⑤ プログラムのインプット（投入資源）とアクティビティ（活動）を数量化できるか
⑥ どのような評価指標があるか、または作成可能か
⑦ どのプログラムコンポーネントの評価が可能か、または、優先的に評価する必要があるか

特に、①のプログラムの実質上のゴールと理想上のゴールの差異については、ステークホルダーは無理なゴールを期待しすぎていないか、ゴールがプログラムの現状とかけはなれていないか、ということを明らかにします。もし過大な期待があった場合

[8] Wholey, J.S.（2004）Evaluability Assessment. In J.S. Wholey, H.P. Hartry, and K.E. Newcomer（Eds.）. *Handbook of Practical Program Evaluation*（2nd ed.）（pp. 33-62）. Jossey-Bass. および W.K. Kellogg Foundation（1998, p. 20）*W. K. Kellogg Foundation Evaluation Handbook : Philosophy and Expectations*. Author. を参照。

には、ゴールの再調整（例：無理なゴールを取り除く、あるいはより現実的なゴールへ再設定すること）が必要になってきます。

(4) 評価に関する合意形成

プログラムの分析により評価が可能であると判断されたら、次に、評価のアプローチや手順に関する合意を関係者との間で形成していきます。ワーキンググループ組織やプログラム分析の段階において、すでに評価の実施を前提とする様々な合意が形成されていることもあるでしょう。しかし、評価可能性アセスメントの段階でよりフォーマルな合意形成を行うことができれば、プロセス評価およびその後のアウトカム評価といった比較的長期間にわたる評価実施をよりスムーズに進めることが期待できます。

そもそも評価可能性アセスメントが開発されたきっかけは、アウトカム評価の前段階としてのプロセス評価の結果を受けて、プログラムの改善やアカウンタビリティ目的のアウトカム評価を行うかどうかの判断材料だったと言われています[9]。したがってここでの合意形成とは、評価者とプログラム関係者とのラポート（rapport）のもと、アウトカム評価を視野に入れたものになってくるのです。

具体的には、プログラムの実施関係者およびステークホルダーが知りたい情報を明示し、それに対し、評価者はどのようなデータによってどのような結果を提示できる

[9] Wholey, J.S. (2004) Evaluability Assessment. In J. S. Wholey, H.P. Hartry, & K.E. Newcomer (Eds.). *Handbook of Practical Program Evaluation* (2nd ed.). (pp. 33-62). Jossey-Bass.

か、それをもとにどのような判断や意思決定が可能になるかを伝え、合意を形成することになります。また、個人情報の扱いや評価結果に関する情報開示とその方法など、実践側と研究側との視点や言い分の食い違いからくる〝温度差〟の調整を行うことが時に肝要でしょう。

(5) 評価計画書の作成

プログラム評価への合意が形成されたら、評価者が主となって**評価計画書**を作成します。計画書には、評価実施にはどのような評価デザインを用いるのか、参加者に関するどのようなデータが必要なのか、使用する分析法や評価デザインはどのようなものか、評価にかかる期間やコストはどれくらいか、など[10]が含まれます。

また、評価実施の〝道しるべ〟となる評価クエスチョンも評価計画に盛り込み、プログラムの何をどこまで明らかにするのかを明確にします。

[10] 3－1参照。

第3部

プログラム評価の方法

3-1 評価クエスチョン

通常の実験や調査研究には、**仮説**（hypothesis）や**リサーチクエスチョン**（research question）が存在します[1]。それと同様に、プログラム評価の実施に際しては、多くの場合、**評価クエスチョン**（evaluation question）が設定されます。

評価クエスチョンの設定は、リサーチクエスチョンを設定する作業と本質的に変わりはないと言ってよいでしょう。双方とも当該調査（評価）に関して、何を明らかにするかについての問いを立て、それに答える作業を行うという点では一致しています。

しかし両者が異なるのは、〝誰がその答えを求めているか〟という点です。リサーチクエスチョン（あるいは仮説）の場合、答えを求めているのは研究者自身であることが多くなります。したがって、研究を遂行する研究者側が先行研究や関連理論を参考に設定するのが一般的です。たとえば、実験参加者に様々な刺激を提示しその反応をみる心理実験では、実験結果を求めているのは実験者側であることがほとんどです。よって、リサーチクエスチョンも実験者側によって設定されるのが一般的です。

[1] たとえば臨床心理学における実験・調査研究に関しては、下山晴彦・能智正博編（2007）『心理学の実践的研究法を学ぶ』新曜社を参照。

一方、評価クエスチョンの場合、〝評価者＝答えを求めている人〟とは限らないことが多くあります。評価者の他にも、利用する人、結果の如何によっては大きな影響を受ける人などが評価結果を求めます。したがって、これらの人の立場や影響を考慮し、時にはこれらの人々を〝巻き込んで〟、評価クエスチョンを設定することになります。

プログラムに対する立場やスタンスが異なれば、プログラムを見る視点も異なってきます。したがって、まず誰が答えを求めているのか、そして次に何についての答えを求めているのか、ということを明らかにします。答えを求めているのは、通常、ステークホルダーです。よって、ステークホルダーは評価から何の情報を欲しているのか、ということを彼らの視点に立って見極める必要が出てきます。

評価クエスチョンは、それに答えるなかでステークホルダーが欲している情報をとりわけデータとして提示できるように設定するのが得策です[2]。つまり、よい評価クエスチョンは、あらゆる方向からの検討を可能とし、そのための多角的な視点からのデータも示します。これにより、ステークホルダーは欲する情報を得られ、何らかのアクションを起こせるようになります。これが目指される流れです。

また評価クエスチョンに答える、ということはプログラムやサービスが効果を上げているのか、効果を上げていないのか、あるいは公共サービスなどについてはそれが公正・公平に実施されたか、不平等や意図しない副次的な効果（特に負の効果）は存

[2] たとえば、ＡＮＧＥＬ（A New Global Environment in Learning）と呼ばれる電子コースマネジメント・システムについてのプログラム評価では、①ＡＮＧＥＬが学生の習熟度に貢献できたか、②ＡＮＧＥＬが教員の授業法と学生の習熟度に与えたシステマティックな効果は何か、③ＡＮＧＥＬが学生の社会面と心理面における学習プロセスにどのような影響を与えたのか、という3つの評価クエスチョンが設定され、各クエスチョンに対して複数の視点からの分析が行われた。Yasuda, T. (2004) *Assessment of Learning Online in Computer-Augmented Technology Environment: Project ALOCATE.* Technical Report submitted to Education Technology Services, The Pennsylvania State University.

在しなかったか、を明らかにすることに直結してきます。したがって、エビデンスを示すことによってプログラムやサービスの効果の真実性を追求するのはあくまで手段であって、本来の目的はプログラムの〝真価〟や〝有用性〟を問うところにあると言えます。このように考えると、評価の内容を明言化して問いを立てるという評価クエスチョンの役割は非常に大きなものになります。

以下では、プログラム評価全体の目的でもあった、アカウンタビリティ、プログラム改善、価値判断、評価研究という4つの視点から評価クエスチョンを考えてみたいと思います[3]。

1　アカウンタビリティの視点

まず、アカウンタビリティ（説明責任）のための評価クエスチョンは、主に、プログラムの企画・運営全般に対して経済的支援を行った資金提供者や団体への回答として設定されることが多くなります。〝先立つものはカネ〟とまでは言わなくても、プログラムを実施していく上で資金は必ず必要です。その資金を提供する側には、それが計画通り有効に使用されたか否かについて知る権利や義務があるでしょう。したがって、まず「プログラムに投入された経済的資源は計画どおり使用されたか[4]」という資金面でのアカウンタビリティについての評価クエスチョンが設定できる訳です。

この評価クエスチョンから派生して、「プログラムの活動を支えるために充分な人

[3] くわしくはRossi, P.H., Freeman, H.E., and Lipsey, M.W. (1999) *Evaluation: A Systematic Approach* (6th ed.). Sage publication. およびChelimsky, E. (1997) The coming transformation in evaluation. In E. Chelimsky & W. Shadish (Eds.) *Evaluation for the 21st century: A handbook*. Sage Publication. 参照。また、さまざまな視点からの評価クエスチョンについては、安田節之・渡辺直登 (2008, p.91)『プログラム評価研究の方法』新曜社を参照。

[4] 評価クエスチョンには、プロセス評価のためのものとアウトカム評価のためのものに分けて考えることもできる。プロセス評価の場合には語尾を現在形にして（例：～しているか）、アウトカム評価の場合には過去形にすることにより（例：～したか）、それぞれの評価形式に準拠したものになる。

的・経済的資源があったか」「プログラムは適切に機能し効率的な運営がなされたか」「プログラム利用者の属性や特徴はどのようなものであったか」「プログラムは当該地域や組織に対して社会的役割を果たせていたか」「プログラムは意図した効果をあげたか」「プログラムのゴールは達成できたか」といった評価クエスチョンが考えられます。

あるいは、プログラムの実施者・運営スタッフは、「プログラムがターゲットとなる母集団にしっかりと行き届いているか」「プログラムは効率的に運営されているか」という点に対する答えを求めているかもしれません。さらに、プログラムの利用者は「プログラムは自分または自分と同じような人々の助けになっているか」「今後プログラムのどのような部分が改善されるのか」などの評価クエスチョンを、今後の参加・非参加の決定の判断材料とすることもあるでしょう。

2 プログラム改善の視点

評価の目的がプログラムの改善・サービスの質の向上である場合、評価の対象には利用者をはじめ、プログラム提供法、運営システムといった次元（レベル）を考慮に入れるとよいでしょう。

まず利用者に関しては、「プログラムへの満足度は高かったか」という評価クエスチョンに始まり、「利用者のニーズは充足されていたか」「利用者の家族のニーズは充足されていたか」「プログラムでの参加意欲や態度は適切であったか」「プログラムの活動内容の理解は充分であったか」「プログラムの効果は利用者のどのような行動に現れたか」などが考えられます。

次にプログラム提供法については、「実施者は適切な資質を有し充分なトレーニングを受けていたか」「利用者とのラポートが構築され意思疎通等に問題はなかったか」「実施者や実施場所によって提供法の違いはなかったか」「プログラムの利点を充分に活かすことができていたか」「提供法によってプログラムの効果に差が見られなかったか」「意図した利用者に適切な量や質のプログラムが提供できたか」「プログラムは利用者にとって利用しやすいものであったか」という具合に評価クエスチョンを設定することができます。

またプログラム運営システムに関しては、「プログラムは円滑な運営システムのもと実施されていたか」「運営組織内での連携・協働は適切に行われていたか」「プログラムやサービスの質が低下した原因と考えられる運営システム上の問題点は何か」といった評価クエスチョンが考えられます。

以上の評価クエスチョンは、プログラムの実施に関して、直接的ではないにしても、影響を及ぼすと考えられる側面に焦点を当てたもので、後のプログラムの改善・発展につながる情報になってきます。いずれにせよ、質問の焦点や内容が幾重にも折り重なっていることを考えると、評価クエスチョンの設定は容易ではないことが分かります。[5]

3 価値判断の視点

価値判断のための評価クエスチョンは、アカウンタビリティやプログラム改善のための評価クエスチョンの内容を踏まえたものになります。最終的には、プログラムをその良し悪しや正当性、公平性、公正性といった側面から査定し、その価値が判断されることになります。

たとえば、利用者にとっての価値について問うのであれば、「プログラムは利用者にとってメリットがあったのか」という評価クエスチョンとなるでしょう。しかし、〝利用者のレベル〟を超えて、社会でのプログラムの価値判断が求められる場合には、「プログラムはどの程度の社会的価値があるか」という評価クエスチョンとなります。

価値を総合的に評価するためには、価値判断のための評価[6]でみたように、メリットや社会的価値、効率性や有効性などの次元を考慮し、それらを具体的に評価クエスチョンに落とし込んでいく作業が伴ってきます。

4 評価研究の視点

評価研究のための評価クエスチョンは、他の3つのものとは根本的に異なるものと

[5] このように評価クエスチョンの設定が複雑化する場合には、ロジックモデルを利用しその各要因ごとに評価クエスチョンを設定するとスムーズに行く場合が多い。安田節之(2010)「医学教育プログラムの評価：評価モデルと方法論からの考察」第36回 医学教育セミナー（於：東邦大学）

[6] 1-4参照。

考えられます。というのも、ここでの評価クエスチョンは、評価という行為そのものに関する疑問点に特化しているからです。これらは、評価実践法および評価方法論に大別され、前者では「評価の行い方が適切であったか」後者では「適切な方法論（例：評価デザインや分析法）によって結果が導き出されたか」といったものを基本とします[7]。

これらの視点からのさまざまな評価クエスチョンは、プログラム評価におけるプロセス評価、アウトカム評価の各段階で適宜設定されていきます。

[7] 通常の評価クエスチョンを設定して行われた評価の後で、その方法論的な適切さを問うものが一般的である。

3-2 プロセス評価

良い評価結果がでれば、プログラムは成功したと結論できるでしょう。これは当然のことです。プログラムが成功を収めたと結論づけられれば、そのプログラムの価値や有用性も高いと判断されます。結果が全て、つまり「結果良ければすべてよし」という考えに従えば、この考え方は妥当でしょう。

しかし、これではなぜ良い結果が得られたのか、という疑問には答えられていません。「なぜ住民への福祉サービスが地域に根付いたのか」「どうして大人数よりも少人数制の心理教育プログラムに効果があるのか」「なぜ就労支援プログラムは成功したのか」といった疑問を、プログラムやサービスの提供者、利用者、実施文脈といったあらゆる要因を考慮しながら明らかにできてはじめて、同じような良い結果が継続的に得られることになります。

ヒューマンサービスは、〝モノ〟（物理的製品）とは性質が著しく異なる（無形性、異質性、消滅性などをそなえる）ため、サービスの〝生産過程〟や〝提供過程〟により注意を払う必要が出てきます。特に、心理教育プログラムや社会福祉サービスは人によって開発され、人によって提供されます。よって、誰が、どこで、どのような方法で、どの程度、どうやって提供したのか、つまり、プログラムの活動の種類、実施方法、実施期間、実施スタッフの特性・特徴、実施文脈、実施頻度といった情報を入手し評価を行う必要が出てくるのです。

1　プロセス評価とは

プログラム実施の中間地点において、プログラムの介入メカニズムを体系的に査定し、実施状況の中間評価を行うことを**プロセス評価**（process evaluation）と言います。プロセス評価は、のちに説明するアウトカム評価と同様に、プログラム評価における中核的な役割を果たします[1]。

プロセス評価を専門的に定義すると「対象となる集団に、意図されたとおりにサービスが届いているかどうかの判断を行う評価[2]」あるいは「プログラムが対象（ターゲット）となる利用者に意図した通りに提供されたか否かの評価[3]」となります。これらの一見シンプルに思える定義には、実に多くの留意点が含まれています。

まず、〝対象となる集団（利用者）〟ですが、これは、プログラムを必要としている人、つまりニーズを持っている利用者のことを指します。これらの人々は、程度の差こそあれ、プログラムに興味・関心があり、あるいはその必要性に迫られていて、参加意欲も高い人々です。よって、期待以上の効果が望めそうです。ただし、地域や集

[1] プロセス評価がプログラムの「働き（operation）」や「機能（function）」に着目したものであるのに対して、アウトカム評価は「結果（outcome）」と「効果（effectiveness）」に着目したものである。安田節之・渡辺直登（2008, p.6）『プログラム評価研究の方法』新曜社を参照。

[2] Scriven, M.（1994）The final synthesis. *Evaluation Practice*, 15, 367-382.

[3] プロセス評価がプロセスモニタリングの一形式として定義され、その評価が一時点で行われる場合にはプロセス評価、継続的に行われる場合はプロセスモニタリングとされることもある。Rossi, P.H., Freeman, H.E., & Lipsey, M.W.（1999）*Evaluation : A Systematic Approach* (6th ed.). Sage publication.

団に参加が義務づけられているプログラムではどうでしょうか。この場合、利用者は望んでいようがいまいが参加を余議なくされた人です。

よって〝プログラムに参加する人＝それを望んでいる人〟というように考えることは必ずしも正しくありません。また〝プログラムを利用した人＝ニーズがある人〟や、〝利用しない人＝ニーズがない人〟と判断することも適切ではないでしょう。

ニーズには、明示されたニーズの他にも、感覚的ニーズ、規範的ニーズ、比較ニーズがありました。これらの中には、利用者が意識していない、潜在的なニーズが含まれています。たとえば、地域住民のための健康増進プログラムに参加するのは元気な人たちであるケースが多くみられますが、本来プログラムに参加し、健康増進に努める必要があるのは、むしろ参加してこない人々です。あるいは、介護サービスが本当は必要であるのに、〝人に迷惑をかけたくない〟〝人の助けを借りたくない〟といった理由から、自発的に援助を求めない高齢者も多くいます。実際のプログラムやサービスの利用者以外にも、潜在的なニーズを抱えた人々がいるということです。[4]

また、定義中の〝意図されたとおりにサービスが届く〟という点ですが、これを評価するためには、サービスの内容だけではなく、提供主体や提供方法といった利用者へのサービス提供の各要素すべてをシステムとして捉え、そのシステム全体を見渡す視点からのチェックが必要となります。このようにみると、プロセス評価を体系的に行うためには、少なくとも、利用者・利用グループの特徴およびプログラム（サービ

[4] よって利用者に〝手を伸ばして届く（reach out）〟ためのアウトリーチ（outreach）が大切となる。

ス）の提供法についての詳細な情報収集が必要となります。このような点を体系的に明らかにするプロセス評価の特徴についてみていきたいと思います。[5]

2　利用状況に関する情報を収集する

プロセス評価を進めていく上でまず必要となるのは、基本となるプログラムの利用状況の査定です。まず、以下のようなものが考えられます。[6]

① 活動の種類と内容
② 提供期間・頻度
③ 利用者の数と特徴（属性等）
④ サービス提供者の特徴

これらの情報は、プロセス評価を目的とした場合だけでなく、プログラムを運営する上でも、基本的なものと考えられます。プログラムがフィールドでうまく展開されてくると、それまでは少なかったこれら基本情報が急激に増えていくことになります。

たとえば、社会福祉サービスの開始年度にはサービス自体の周知度が低く利用者が少なかったものの、地域住民やニーズのある人々への周知度が年々高くなり、その結

[5] さらにくわしくは安田節之・渡辺直登（2008, p. 74）『プログラム評価研究の方法』新曜社も参照。

[6] Weiss, C. (1998, p. 130) *Evaluation : Methods for studying programs and policies* (2nd ed.). Upper Saddle River, NJ : Printice Hall.

果、利用者が急に増えてくることは往々にしてあります。このような場合には、利用者の基本情報、サービスの提供状況、利用頻度の情報も加速度的に増えていきます。したがって、プログラムの開始段階ではそこまで手間がかからなかった情報データのマネジメントに予想以上の手間がかかってくることが考えられます。いかに効率的なデータマネジメントをするかがプロセス評価を適切に行うために重要であり、同時に、後のアウトカム評価に適切につながるかどうかを左右します。

3　サービス提供法に関する情報の扱い

サービス提供に関する情報は、プログラム自体の実施状況についてのもので、以下のように表せます[7]。

① 実施の段取り
② サービスの程度（強度あるいは投与量）
③ 実施上の問題点や否定的効果
④ 計画と実施のマッチング
⑤ 安定性
⑥ 利用ニーズへの対応

[7] これらは、プログラムプロセスの的確性の評価、そしてプログラムの効果理論やロジックモデルと実施プロセスとの整合性の評価、という2点に収斂して理解される。

これらの点を査定するためには、プログラムを解剖するがごとく、構造上、組織上の問題・課題点を総点検する必要があります。ここでは、プログラム介入とそれを取り巻くシステムについても検討されます。

4　介入プロセスの評価

そもそもプロセス評価の実施を考えたとき、まず留意するのはプログラムプロセスを**ブラックボックス化**させない、ということです。

ブラックボックスとは、中身や内部構造を見ることができない密閉された装置のことです。内部構造を見ずして、入り口であるインプットと出口であるアウトプットの情報のみをもとに行う評価は、**ブラックボックス評価**（black box evaluation）と呼ばれ、より専門的には、「何がアウトカムを導く原因でなぜそれが原因となるのか、ということを明らかにできるプログラムの理論的背景を用いずに行う、プログラムアウトカムの評価」と定義されます[8]（下図参考）。

もしブラックボックス評価が実施されたとしたら、インプット（投入資源）がどのように使われ、アウトカムとして現れてきたのか、というアカウンタビリティ情報を提供することはできません。また、介入の中身を見ずにアウトカムだけを見て、効果の有無、プログラムの良し悪しを判断するのでは、〝結果良ければすべてよし〟という結果偏重の評価になってしまいます。プロセス評価は、プログラムのプロセスを重

図1　プロセスのブラックボックス化

視するもので、ブラックボックス評価にならないようにするために不可欠であると言えます。

プログラムの介入プロセスを可視化していく際には、ロジックモデルと照らし合わせて、下図のように考えていくことができます。ここでは、プロセスの可視化によって抽出される要因であるプログラム技術、サービス提供システム、モニタリングについて詳しくみていきたいと思います。

[8] Rossi, P.H., Freeman, H.E., & Lipsey, M.W. (1999, p.156) *Evaluation : A Systematic Approach* (6th ed.). Sage Publication.

(1) プログラム技術の評価

インプット⇒アクティビティの間にあるプロセスを評価するためには、まず、**プログラム技術**（テクノロジー）についての評価を考えます。投入された資源が活動として成立するためには、さまざまな〝プログラミング〟が必要となります。

たとえば、地域住民向けの研修・啓発プログラムであれば、参加者を募るところから始まり、実施会場の確保、担当講師やプログラムのスタッフの調整、当日の配布資料や備品等の管理、必要に応じた参加者との事前・事後ミーティング、予期せぬ事態や日程変更等への対応法の決定、学習段階の確認のための自己評価シート等の作成など、様々な作業が伴います。

あるいは、社会福祉サービス等のプログラミングには、より詳細な個人・

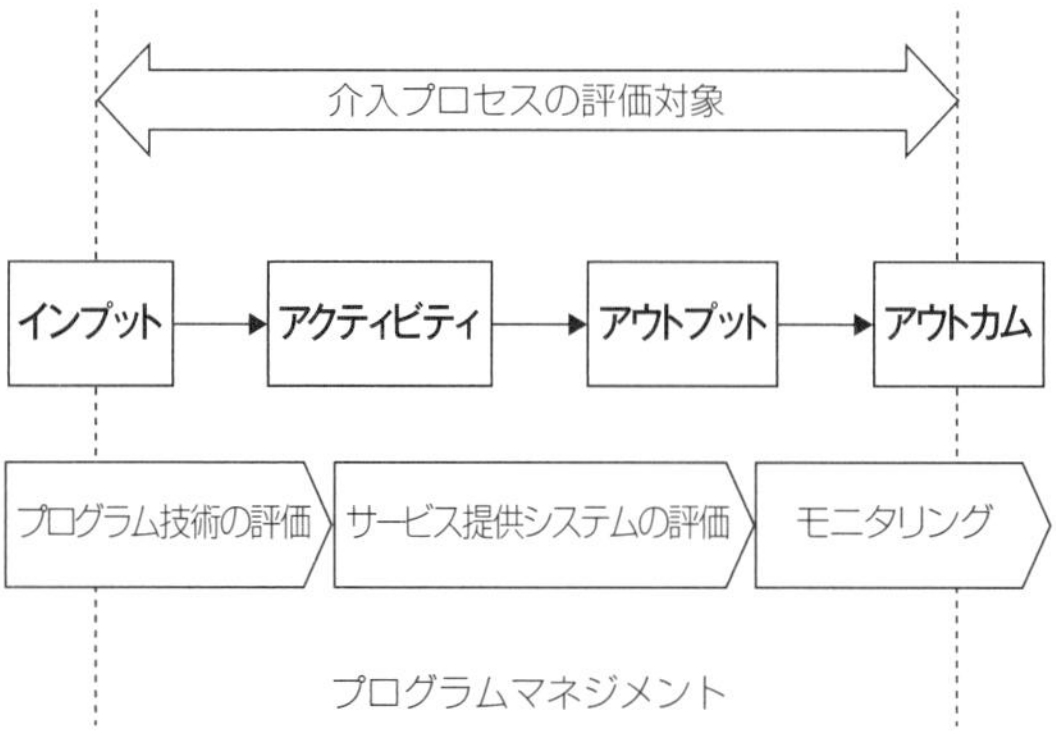

図2　ロジックモデルと介入プロセス評価の対応

グループの情報やアセスメントシート、サービス内容やサービス提供者の特徴や専門性、サービスの質といったことまで、あらゆる点を考慮する必要があります。包括的なサービスをプログラムベースで考え、提供するだけのプログラム技術があってはじめて、事業所レベルでのサービスの向上が期待できるでしょう。

プログラム実施者やサービス提供者にとっては当たり前に思えるインプットおよびそのプログラミング法が、評価結果を必要とするステークホルダーや評価を実施する側（特に外部評価者）にとっては、目新しいものになる場合も多くあります。よって、通常の実践や日常業務において用いられるインプットやアクティビティの内容を可視化して、今一度確認することが、プログラム技術の適切な評価につながっていきます。

(2) サービス提供システムの評価

次にプログラムのブラックボックス化を防ぐため、**サービス提供システム**の評価を行います。[9]

プログラムはすべての参加者に均一に受け入れられることはまずないと考えてよいでしょう。あるグループに対してプログラムを実施しても、受け手によって効果に差が出てくる可能性があることは容易に予想がつきます。また、個々の利用者に対して同一の（〝標準化された〟）サービスが提供されたとしても、その効果には個人差が現

[9] サービス提供システムの分析は、サービス利用計画においても行われる。Rossi, P.H., Freeman, H.E., and Lipsey, M.W. (1999) *Evaluation : A Systematic Approach* (6th ed.). Sage Publication.

れることは止むを得ません。したがって、グループか個人かといった介入の種類の如何を問わず、どうやってプログラムやサービスが利用者に届けられたのか、というサービス・デリバリー（提供）のシステムについての評価が必要となるのです。

たとえば、就業支援プログラムが成功するか否かは、プログラムの内容[10]だけで決まる訳ではもちろんありません。プログラムがどうやって届けられるのか、というデリバリーの方法が大きく関係していると言えます。ここでの求職者は地域での一生活者でもあります。よって、彼らの衣食住を含めた生活側面を包括的に捉えて、必要であれば、直接的には関係ないと思える社会生活面での支援を他機関との連携の上届けて、プログラムが奏功したと言えることもあるのです。

このように人の支援を包括的な視点から捉えなければならないのは、なにも就業支援プログラムだけに限ったことではありません。様々な社会心理的な問題や福祉的な課題に直面している利用者への支援プログラム全般に共通して言えることです。

サービス提供システムをモデル化してより詳細に示したものに、チェン（H. T. Chen）の**アクションモデル**があります[11]。ここでは、このアクションモデルを例にとってサービス提供システムの評価についてみていきたいと思います。

チェンのアクションモデルでは、まず、**介入プロトコル**によって介入内容・方法・期間等の詳細情報[12]を管理することで、プログラム全体としてのサービス提供法、つまりどの支援者がどのような課題を抱える利用者をどうやって支援したのかを把握し、

[10] これはインパクト理論によって明らかにされる決定要因や媒介要因といったものである。

[11] Chen, H. T. (2005) Practical Program Evaluation: Asseseing and improving planning, implementation, and effectivenss.

[12] 具体的にはプログラムの「投与量（dosage）」「強度（strength）」、「頻度（frequency）」、「持続性（duration）」といったものがある。

これらを記録として保存するためにプロトコル化します[13]。

またプログラムの導入主体は、しっかりと組織化されている必要があることはもとより、全体としての組織力の強化を意味する「**キャパシティビルディング**（capacity buiding）」として、**技術移転**（technology transfer）や支援を行う側へのコンサルテーションなどを実施できているかが評価されます。さらにプログラムの導入者として、カウンセラー、ソーシャルワーカー、ケースマネジャー（ケアマネージャー）および保健師や教師といった保健・医療・福祉・心理・教育領域における支援者や学校関係者は、日々の自己研鑽を通じて対人援助スキルを維持・向上することが期待されます。

サービス提供システムを考える際には、実際にニーズを抱えた対象者に適切なサービスが行き届くように、プログラムの提供側からの発想ではなく、利用者の立場を最優先させます。つまり関係機関や地域を〝縦割り〟で考えるのではなく、利用者の立場を常に立脚点としてサービス提供を考えます。そして、関係機関や地域の協働によって利用者の支援を〝共有〟するというアプローチです。

さらにアクションモデルにおいては、利用者を一生活者として捉える社会生態学的コンテクストの視点も、サービス提供システムに組み込まれます。利用者個人の衣・食・住や経済的状況に始まり家族・友人・知人からのサポート、地域の特性や文化的規範まで、その人の生活におけるミクロ・マクロレベルの影響要因が考慮されます。

［13］プロトコル化は、プログラムの介入プロセスを記録化するという意味で、ドキュメンテーション（documentation）と呼ぶこともある。

以上の要因を踏まえ、対象集団（あるいは個人）にサービスが提供される訳ですが、その際にも、どのようにして対象者のニーズを把握するのか、介入実施の必要の有無を決めるスクリーニングはしっかり行われているのか、といった点が明確に評価できるとよいでしょう。これらすべてのプロセスを経て、利用者の準備性（readiness）が確保され、プログラムの効果が期待できるのです[14]。

(3) モニタリング

サービス提供システムについての評価が、プログラムの介入効果を最大化させるための提供システムを外部枠組みの視座から検討するのに対して、**モニタリング**では、変化のメカニズムに沿って、いわば動態的に、プログラムのプロセスを確認するものです。またフォーマルな評価では、プログラムがどれだけ忠実に実施されたか、という点を理論とデータを照らし合わせ綿密に査定するのに対して、プログラムのモニタリングでは、進行中のプログラムの大まかな状況の把握が目的とされます[15]。

モニタリングの際に便利なツールが、プログラムの流れをフローチャート式に図示した**プログラム実施の理論**（theory of implementation）です（次項）。ここでは、高齢化が進行する地域等においてその効果が期待される、地域ベースの健康増進のためのリーダー養成プログラムの実施の理論についてみていきたいと思います。

このプログラム実施の理論では、地域住民に向けたプログラムの告知に始まり、プ

[14] サービス提供システムの各要因の評価に有用となる評価クエスチョンについては「さまざまなレベルでの評価クエスチョン」安田節之・渡辺直登（2008）『プログラム評価研究の方法』新曜社を参照。

[15] よってプログラムのモニタリングでは、評価ほど厳密なデザインや方法論は要求されるという訳ではない。

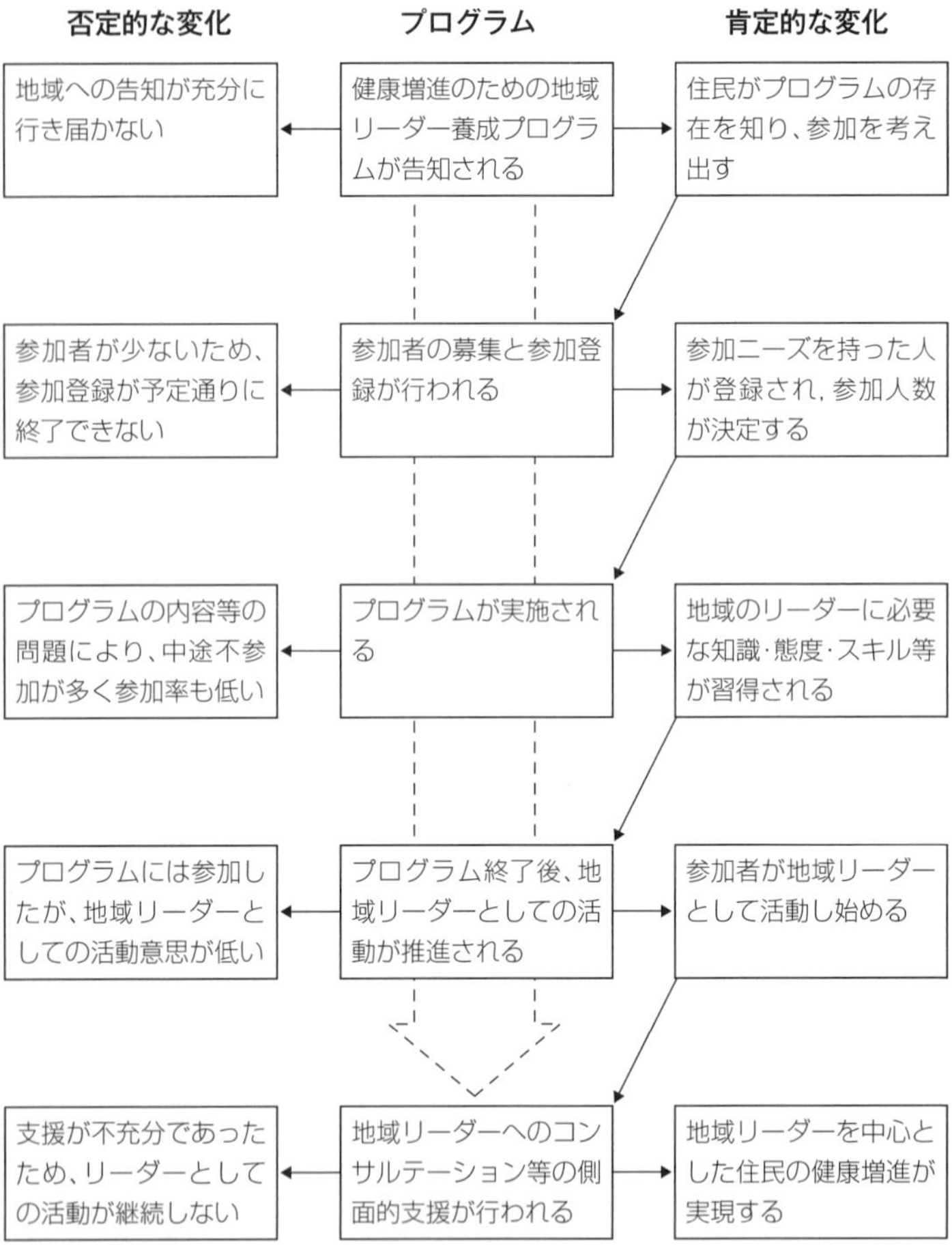
否定的な変化
プログラム
肯定的な変化
地域への告知が充分に行き届かない
健康増進のための地域リーダー養成プログラムが告知される
住民がプログラムの存在を知り、参加を考え出す
参加者が少ないため、参加登録が予定通りに終了できない
参加者の募集と参加登録が行われる
参加ニーズを持った人が登録され，参加人数が決定する
プログラムの内容等の問題により、中途不参加が多く参加率も低い
プログラムが実施される
地域のリーダーに必要な知識·態度·スキル等が習得される
プログラムには参加したが、地域リーダーとしての活動意思が低い
プログラム終了後、地域リーダーとしての活動が推進される
参加者が地域リーダーとして活動し始める
支援が不充分であったため、リーダーとしての活動が継続しない
地域リーダーへのコンサルテーション等の側面的支援が行われる
地域リーダーを中心とした住民の健康増進が実現する

図 3　プログラム実施の理論（リーダー養成プログラム）

Weiss, C. (1998, p. 59) *Evaluation : Methods for studying programs and policies* (2nd ed.), Upper Saddle River, NJ : Printice Hall の枠組を参考に作成。

ログラム終了後にリーダーとなる人々への側面的支援に至るまでの流れが可視化されています。そして、各過程において考えうる肯定的（ポジティブ）な変化と否定的（ネガティブ）な変化の結果が図示されています。このような実施の理論のチャートを作成すると、単なるプログラムの成功・失敗の評価ではなく、プログラムのどこがうまくいって、どこがうまくいかなかったのか、というように一歩も二歩も踏み込んだ議論ができるというメリットがあります。これは、まさにプログラムをブラックボックス化させないための簡便かつ有効なツールとなります。

5　プロセス評価の各ステージ

以上は、プロセスをブラックボックス化させないという観点からプロセス評価すべき要因をみてきましたが、プロセス評価を行うにあたっては、プログラムが現在どのステージにあるのかを考慮に入れると、アプローチ法を絞ることができます。プログラムの実施初期・中期・後期の3つの段階でそれぞれ、①**導入ステージ**、②**発展ステージ**、③**効果顕在ステージ**の3つに分けられると考えられるため[16]、以下ではこれらのステージにおけるプロセス評価のアプローチについて見ていきたいと思います。

(1)　導入ステージの評価

実施されて間もないプログラムは、当然充分でない部分が多くなります。計画段階

[16] Chen, H. T. (2005, p.49) *Practical program evaluation: Assessing and improving planning, implementation, and effectiveness.* Sage Publication. では program planning stage があるが、これはプログラムのプランニングとマネジメント（本書第2部）における作業と重なる。このステージの記述に関しては、安田節之（2010）「プログラム評価の意義と展望：方法論の視点から」『人事試験研究』214, 2-15. を参照。

では予期しなかった支障や弊害がフィールドで起こってくるため、改善すべき点も数多く出てきます。

たとえば、ロジックモデルであらかじめ示したプログラムへのインプット（投入資源）が滞っていたり、アクティビティ（活動）がスムーズに進行できなかったりする可能性が考えられます。あるいは、アクティビティ自体は行えたものの、予想に反して参加者が少なかったり、予想したような参加者の満足が得られなかったり、さらには、中途不参加（ドロップアウト）が多く出たりすることもあります。これらはどのようなプログラムにも起こり得ることです。

このような事態を招かないように、体系的な事前情報収集を行い、パイロットテストを重ねた後に正式なプログラム介入が行われるのが理想ではあります。しかし現実的には、そのような余裕など無く、程度の差こそあれ、〝見切り発車〟で開始されるプログラムが多いことも事実です。

したがって、導入ステージのプログラムの評価では、プログラムの様子が素早くモニタリングできるように、参加者からのフィードバックをすぐに拾い上げます。さらに評価後はプログラムの実施者やステークホルダーに報告し、プログラムに関する問題の早期発見・早期対処を行い、より安定したプログラム運営になるようにするのが理想的です。

準備に充分な時間や資源が費やせなかった場合ほど、プログラムの実施状況のチェックが必要となります。よって、導入ステージのプロセス評価では、プログラムの実施・運営上の問題・課題にターゲットを絞り、それらを解決・改善し、より効果的なプログラムを目指すのがよいでしょう。

プログラム導入ステージにおけるプロセス評価は、評価可能性アセスメントにおけるプログラム分析[17]と類似しているところがありますが、特に以下の4点に焦点が当てられます。

[17] 2-8参照。

①プログラムがなぜ期待される結果や効果を生み出すことができるのか、その仮定は何か

②プログラムの主要な問題点は何で、それを解決していくためには、どれくらいの期間やコストが必要であるのか

③プログラム効果を助長する要因は何であるか、どうしたらそれを維持していけるか

④ステークホルダーは、プログラムのパフォーマンスについてのどのような情報を必要としているか

これらの点を、プログラムの実施者の視点（例：実施者が苦労している点は何か）、参加者の視点（例：参加意欲を抱けるものかや理解できるか）、実施フィールドの視

点（例：実施フィールドや組織に受け入れられているか）の三方から考慮するのがよいでしょう。

■形成的評価

開始後間もない、あるいは〝発展途上〟のプログラムのプロセスを評価し、より安定化させ、プログラムの改善・発展につなげようとする評価を、**形成的評価**（formative evaluation）と呼びます[18]。

形成的評価とプロセス評価は同義的に用いられることがありますが、厳密には両者の目的やアプローチは異なるため、少々説明を加えたいと思います。プロセス評価ですが、これは〝中立的〟なスタンスで、活動内容や実施過程が当初の計画とどう異なるのかの判断を行う所に特徴があります。一方、形成的評価では、〝形成的〟という名が示している通り、主に導入ステージのプログラムの問題点を探し、それを解決・改善し、プログラムをより効果的に形作っていくことを目的としています。特に、形成的評価の対象となるプログラム及び実施場所・地域を選定するにあたっては、考慮すべき点がいくつかあります。

たとえば、実施されているプログラムの数が少なければ、すべてを対象とすることもあります。

一方で、プログラムが社会政策の一環として大がかりに行われ、それらが多くの地

[18] これに対して総括的評価（summative evaluation）は、ステークホルダー等へのアカウンタビリティ等を目的として、プログラム実施の最終段階および終了後にプログラムの効果を検証する評価形式である。Scriven, M. (1991) *Evaluation Thesaurus* (4th ed.). Newbury Park, CA : Sage publication.

域や場所で実施される場合、評価対象となるプログラムを、規模、対象者の属性、地域特性といった基準によりいくつか選定し評価を実施することになります。都市部と郊外地域で実施されるプログラムを比較する、成功しているプログラムとそうでないプログラムを比較する、などのアプローチが考えらます。

形成的評価では、始まったばかりのプログラムをいかに軌道に乗せるかが主な関心事となります。したがって、評価結果が時機を得てステークホルダーに提供されることが優先されます。

ここでは、限られた時間の中での作業となるので、アウトカム評価に用いられるような厳格な方法論は求められません。むしろ、実施現場の視察（サイトビジット）、キーインフォーマントや小規模な参加者集団へのインタビュー、フォーカスグループ、あるいはもし可能であれば、簡単なアンケート調査を行い、情報収集をしていきます。

また形成的評価では、プログラム介入と効果の間にひそむ因果関係の特定を目的とはしていません。プログラムのメカニズムではなく、プログラミングつまりプログラムがどんな働きを示しているかについての情報があればそれで事足りるのです。したがって、以下のような事柄に焦点を当てるのが良いでしょう[19]。

① プログラム実施者が実施に際して苦労していることは何か

[19] Chen, H. T. (2005, p. 133) *Practical program evaluation : Assessing and improving planning, implementation, and effectiveness.* Sage Publication.

② 利用者に介入内容がしっかりと行き届いているか、利用者は介入内容を受け入れているか

③ プログラムは実施場所や地域に受け入れられているか、反対意見等はないか

このような観点を織り交ぜて先述の評価クエスチョンを設定すると、プログラムのどこがうまく行っていないのか、成功している点は何か、ということがより詳しく明確化できるはずです。そして、これらの評価クエスチョンへの回答を経過報告として速やかにステークホルダーに伝えることによって、プログラムのよりスムーズな改善につながっていくのです。

また、プログラムの導入ステージでは、プログラム自体も〝よちよち歩き〟の状態と言えるでしょう。したがって、プログラム評価法についても、開始間もないプログラムに〝寄り添う〟形のものがよいでしょう。この段階の評価法を考えていく上では、パートナーシップの構築、エンパワーメントなどが有用であるとされています[20]。

プログラムの運営者、ステークホルダー、評価者がお互いよきパートナーとなりプログラムを成功させるために、それぞれの知恵やアイデアを出し合い、専門性を共有・活用し合い、プログラムの評価能力の強化、つまり、評価実施のためのキャパシティビルディングを行います。これらをすべて包含したものに、**エンパワーメント評価**[21]（empowerment evaluation）がありますが、この評価手法は、プログラムの導入

[20] Chen, H. T. (2005) *Practical program evaluation : Assessing and improving planning, implementation, and effectiveness*. Sage Publication.

[21] Fetterman, D.M., Kaftarian, S.J., & Wandersman, A. (1996) *Empowerment Evaluation : Knowledge and tools for self-assesment and accountability*. Sage Publication.

段階の評価において特にその有用性が高いと考えられます。

(2) 発展ステージの評価

発展ステージとは、プログラムが軌道に乗ってきた状況を意味しています。発展ステージに入ると、比較的規模が小さかったプログラムが大規模化しているケースが多く、プロセス評価に必要な情報を大量に収集することが可能になってきます。よって、発展ステージのプログラムのプロセス評価では、いかに効率的にプログラムのモニタリング[22]を行なうかが重要になります。参加者の基本情報、プログラムの提供時期・回数・参加率、参加者のニーズとプログラムの進行を妨げる要因、といった情報はステークホルダーが特に欲している情報であると考えられます。よって、アップデートしつづける必要があります。

発展ステージのプログラムでは、実施状況の入念なチェックが必要となってきます。心理教育や社会福祉サービス領域のプログラムは、心理学実験室のような様々な条件をコントロールした〝閉じたスペース〟で行われる訳ではなく、フィールドという社会に〝開いたシステム〟で実施されています。この開いたシステムは、人と人、人と環境、人と家族や社会、といった様々な関わりが織りなす交互作用が常在する社会的文脈（コンテクスト）と言えます。

このようなコンテクストで実施されるプログラムの効果を査定するため、以下のよ

[22] モニタリングと評価にはいくつかの違いがある。ロッシ(P. Rossi)によると、情報がステークホルダーに対して提供されるものか（モニタリング）、あるいは彼らそして利用者を含めたプログラムに関係するすべての人や対象に対するものか（評価）が主な違いであるとされる。また、チェン（H. Chen）によると、モニタリングと評価の違いは、情報収集の範囲、徹底さ、期間において、とされている。モニタリングは手間をかけずに、短期間で行うもので、評価はその逆である。

うな情報を収集します。[23]

① プログラムに含まれているはずの介入内容がしっかりとこなされているか
② プログラム介入の量、回数、実施期間は守られているかどうか
③ プログラムの実施者は当初の計画通りに介入を実施していたか
④ 介入はプログラムの参加者・対象者に一様に行き届いていたか
⑤ 介入状況や物理的・社会的環境の悪影響や効果的な介入を阻害する要因はなかったか

■プロセス・ユーズ

また、発展ステージでのプロセス評価にとって有用な派生的変化として、**プロセス・ユーズ**（process use）、つまりプロセスの利用があります。プロセス・ユーズは、評価活動を通じて起こる評価者やステークホルダーなどのプログラムに対する考え方・態度・行動の変化、およびプログラムの運営方法についての〝文化（カルチャー）〟の変化を起こすこと、と定義されます。[24]

プロセス評価は、通常、プログラムの改善を目的に行われます。よって、評価結果もプログラム改善のために利用されることになります。しかしプロセス・ユーズでは、得られた評価結果だけではなく、〝プロセス評価のプロセス〟を利用しようとす

[23] これは規範的介入評価（Normative Treatment Evaluation）やフィデリティ評価（fidelity evaluation）と呼ばれることもある。Chen, H. T. (2005) *Practical program evaluation : Assessing and improving planning, implementation, and effectiveness.* Sage Publication.

[24] Patton, M. Q. (1997, p. 90) *Utilization-focused evaluation* (3rd ed.). Sage Publication.

るものです。プロセス・ユーズの具体的な効用は次のようなものがあげられます。[25]

① プログラムと評価への理解が共有される
② プログラム運営組織の発展につながる
③ 利用者にとっても評価がプラスに働き、利用（者）の質が向上する

プロセス・ユーズは、評価者はもとより評価に携わったすべてのステークホルダーそして利用者がそれまで意識していなかった〝評価という視点〟や〝評価という行為〟をもとに、その後のプログラムの改善に役立てようとするものです。

評価には、物事を明確に見極める力、問題発見・解決スキル、情報の効率的なマネジメントスキルなど、あらゆる能力やスキルが要求されます。これらは、評価を実施するためだけではなく、あらゆる作業を合理化・体系化・円滑化するために必要なスキルそのものです。よって、これらのスキルを評価活動を通じてさらに磨き上げ、プログラム改善、さらにはプログラムの運営組織やフィールドにとっての〝プラスα〟の変化に結びつけようとするのがプロセス・ユーズという訳です。

■フィデリティ評価

プログラムやサービスがどの程度計画通りに実施されているか、対象となる利用者

[25] Patton, M. Q. (1997, p.111) *Utilization-focused evaluation* (3rd ed.). Sage Publication.

に行き届いているかを判断する際に行うのが、**フィデリティ評価**（fidelity evaluation）です。フィデリティ評価は、特に発展ステージのプロセス評価に適していると考えられます。

フィデリティ分析の内容は、理論家によって多少ばらつきはありますが、主に、以下の3つに収斂されると考えられます。

① 介入プランと実施の整合性
② サービス提供プロセスの遵守性
③ サービス利用対象の適切性

たとえば、①の介入プランと実施の整合性の分析ですが、これは、そもそものプログラム介入や運営の計画が実際にどう遂行されているのかのモニタリングです。計画に沿った介入を実現するためには、それだけ介入の手順や方法の標準化が必要になってきます。特に、同じプログラムやサービスを複数の場所やグループに提供する場合、より体系的な介入と評価を行っていく上では介入内容・手順、進行状況などをできるだけ統一することが、有用になります。

ところがサービスを提供するのも人であれば、利用するのも人です。[26] よってそのサービスが、常にマニュアルやプロトコル（マニュアル）通りに提供されるとは限りま

[26] サービスにおける〝同時性〟である。

せん。よって②のサービス提供プロセスの遵守性のチェックが必要になるのです。

　また、利用者のニーズにも個人差があるため、十把一絡げにマニュアルに沿った介入を行うことは個別化の原則にも反します。よって③のサービス利用対象の適切性を確保する意味でも、サービス提供計画にはある程度の自由度を持たせるのが大切であると考えられます。それをふまえた上で、フィデリティ評価では、計画通りに行った部分とそうでない部分を分けて記録する必要があるでしょう。

(3) 効果顕在ステージの評価

　最後に、実施が大詰めを迎えた段階のプログラムは効果顕在ステージにあると言えます。ここでは、ゴールや目標値が達成されているかどうかを見極めて、最終的なアウトカム評価に進んでよいかどうかを吟味します。もちろん、プログラムによってはあらかじめ実施期間終了後にアウトカム評価が計画されていたり、評価が義務づけられていたりする場合もあります。しかしそうであっても、このステージでプロセス評価を行い、プログラムが当初の計画通りに実施されているか、そして、プログラムへの参加者あるいはプログラムが介入対象としている地域や組織等に肯定的な変化の兆しがあるか、といった点を明らかにすると、後の効果的なアウトカム評価につなげられます。

　というのも、プログラムゴールや目標値の達成からは程遠いのに、アウトカム評価に踏み切るのは、時間的にもコスト的にも無駄が多くなります。また逆に、プログラムの効果が目に見えて現れている場合には、そのプログラムを他の対象者や地域へも広げるべきか否か、という決断にせまられることもあるでしょう。[27] このような段階にはプログラムの効果の根拠となるデータが必要になります。[28]

■アウトカムモニタリング

プログラムの効果が利用者に急に現れることはまずありません。多くが数回から十数回（あるいはそれ以上）にわたる様々なメニューやセッションを通じて、徐々にその効果が現れてくるものです。したがって、この徐々に現れる利用者の変化・変容を簡単にしかし体系的に査定することが役立つのです。これが**アウトカムモニタリング**（outcome monitoring）です。

アウトカムモニタリングは、アウトカムに最も近接するあるいは直結するプログラム活動のモニタリングです。したがって、プログラムから直接〝産出〟されてくるもの、つまりアウトプット（output）とそれに続くアウトカム（outcome）に至るまでの流れの査定となります。[29]

充分なプログラム介入・サービス提供が行われたあとの効果顕在ステージのアウトカムモニタリングでは、プログラムがプログラム理論やロジックモデルと乖離して、〝ひとり歩き〟してしまっていないか、実施者の介入方法や介入量等がそもそもの計

[27] これらは特に、プログラム運営側のステークホルダーの関心事となる。

[28] 効果顕在段階の評価は、他の2つの実施段階と比べると、評価者の役割と責任が大きくなることが予想され、評価の知識やスキルも高いものが要求されると考えられる。

[29] 2－7参照。

画とどの程度整合性が保たれているか、などを確かめるための情報収集を行います。[30]

もしこのような作業が行われていないとすると、アウトカム評価における理論的基盤がはっきりしなくなります。プログラムの効果をデータによって明らかにすることも大切ですが、データを解釈する上での根拠となる理論的な基盤が明確でなければ、真のエビデンスとはなり得ないでしょう。データはそれ自身では何も語りません。理論というフィルターを通して、人が解釈してはじめて根拠となり得るのです。

[30] プロセス評価の各フェーズにおける評価方法をまとめ、その有用性を検討したものが以下の図である。

表1　ステージ別のプロセス評価法の有用性

評価方法	導入ステージ	発展ステージ	効果顕在ステージ
パートナーシップ構築	☆☆☆	☆☆	☆☆
エンパワーメント評価	☆☆☆	☆☆☆	☆☆
プログラムレビュー	☆☆☆	☆☆	☆
形成的評価	☆☆☆	☆☆☆	☆☆
プロセス・ユーズ	☆	☆☆☆	☆☆
フィデリティ評価	☆☆☆	☆☆	☆☆
アウトカムモニタリング	☆	☆	☆☆☆
評価可能性アセスメント	☆	☆☆☆	☆☆☆

※有用性：高（☆☆☆）中（☆☆）低（☆）
安田節之（2010）平成21—22年度文部科学省科学研究費補助金「心理教育・社会福祉サービス領域におけるプログラム評価実践に関する研究」による文献研究をもとに作成（試案）。

3-3 パフォーマンス測定

プログラムの利用者にとっての**付加価値**（added value）、すなわちアウトカムを評価する前に、まず、そもそもプログラム自体がどの程度の成果や業績をあげたかをチェックすることは有意義なことです。このようなプログラムの実績を定量的に示すのが**パフォーマンス測定**（performance measurement）です。

パフォーマンス測定は、国や行政が行う大規模な政策の評価（政策評価）の領域において主に発展してきました。しかし、小規模・中規模なヒューマンサービス領域のプログラムにおいてもその役割が期待できるものです。

1　パフォーマンス測定とは

パフォーマンス測定は、プロセス評価とアウトカム評価の〝中間点〟に位置づけされるのが一般的です[1]。パフォーマンス測定の源流には諸説ありますが[2]、直接的にその必要性が見出されたのは、先述のアカウンタビリティのための評価[3]でみた米国連邦政府ＧＰＲＡ法においてと言われています。

[1] パフォーマンス測定をプロセス評価、とくにアウトプットモニタリングやアウトカムモニタリングとして位置づけることもある。

[2] 詳細は佐々木亮・西川シーク美実（2001）「パフォーマンス・メジャーメント：最近の傾向と今後の展望」『日本評価研究』1, 45-52. 参照。

[3] 1-4参照。

[4] すべてのプログラムに対して簡便で低コストのパフォーマンス測定をまず行い〝予想どおりの効果〟が得られたプログラムを確認した上で、予想以上に良い結果が出た（あるいは予想に反して悪い結果が出た）プログラムに対してのみ、より

パフォーマンス測定には、後のアウトカム評価（特に実験的アプローチによる評価）で行われるような、方法論的に厳格ながらも、時間とコストがかかる評価デザインや評価手法が必要とされる訳ではありません。ここにパフォーマンス測定とアウトカム評価の大きな違いがあります。パフォーマンス測定によって説明責任を果たすためには、必要となる情報が時宜を得てスムーズにステークホルダーに提供できればよいと言えます。[4] たとえば、プログラム活動の種類や安定性、サービスを提供するスタッフの特徴、サービス提供頻度や期間、利用満足度といったものが必要となる情報です。[5] より専門的なパフォーマンス測定の定義では、プログラムの**効率性**（efficiency）、**質**（quality）、**有効性**（effectiveness）についての情報を定期的に収集し報告することとされています。[6]

パフォーマンス測定を行うにあたっては、インプットやプロセスだけではなく、パフォーマンス（成果）を査定します。すなわち定義のように①投入された資源（インプット）がどれだけ使用されたか（例：どのくらいのマンパワーと資金が実際に費やされたか）という〝効率性の評価〟、②そのアウトプットがどれだけ当初の質の基準（規準）を満たしたのか（例：プログラムへの参加者のうち何人（%）が基準として示された知識やスキルを得ることができたか）という〝サービスの質評価〟、③プログラムへのインプットに対してどれだけ効果（アウトカム）が生まれたのか（例：就業支援プログラムへの参加者のうち何人（%）が実際に就職できたのか）という〝有

厳密でコストもかかるデザインや手法（例：実験デザイン）を用いた評価を行い、因果関係を明確化するという運用法も米国国際開発庁（USAID）によって提唱された。佐々木亮・西川シーク美実（2001）「パフォーマンス・メジャーメント：最近の傾向と今後の展望」『日本評価研究』1, 45-52.

[5] Wholey, J. S. (2004) Evaluability Assessment. In J.S. Wholey, H.P. Hartry, & K.E. Newcomer (Eds.) *Handbook of Practical Program Evaluation* (2nd ed.) (pp. 33-62). Jossey-Bass.

[6] Urban Institute (1980) *Performance Measurement: A guide for local elected officials.* Washington, DC.: Author.

[7] そもそもこのようなパフォーマンス測定が必要とされたのは、公共サービスやプログラムの運営資金の多くが、国や自治体からの助成金（補助金）で賄われている事実を受

効性の評価〟、この3つの側面が関わってきます[7]。

以上のパフォーマンス測定において測定すべき要因をロジックモデルに照らし合わせて考えてみると下図のようになりますが、ここではこれら3つの要因について詳しくみていきたいと思います。

2　効率性

まず**効率性**（efficiency）ですが、これはプログラムの「入口」であるインプットに対する「出口」であるアウトプットの割合すなわち、効率性＝アウトプット／インプットというように定式化できます[8]。
ここでのインプットやアウトプットをより詳細にするためには、サービス提供に関する支援業務や実務に要するマンパワー、時間数、運営費等のコストの単位（ユニット）をまず設定し、単位ごとの効率性に関する数値を算出していくことになります。たとえば、マンパワーからみたサービスの生産性[9]は、利用者総数／（支援者数×時間）によって示されます。また、サービスの生産性をお金に換算するとどの程度か、つまり利用者一人あたりいくらかかっているかは、総費用額／（利用者数×時間）となり、総費用額を利用者数（アウトプット）と時間（インプット）の積で除する形で算出されることになります。また、ケース単位や訪問単位ごとの効率性、週単位・月単位の各効率性というように、目的に応じてカスタマイズした効率性を算出する必要が

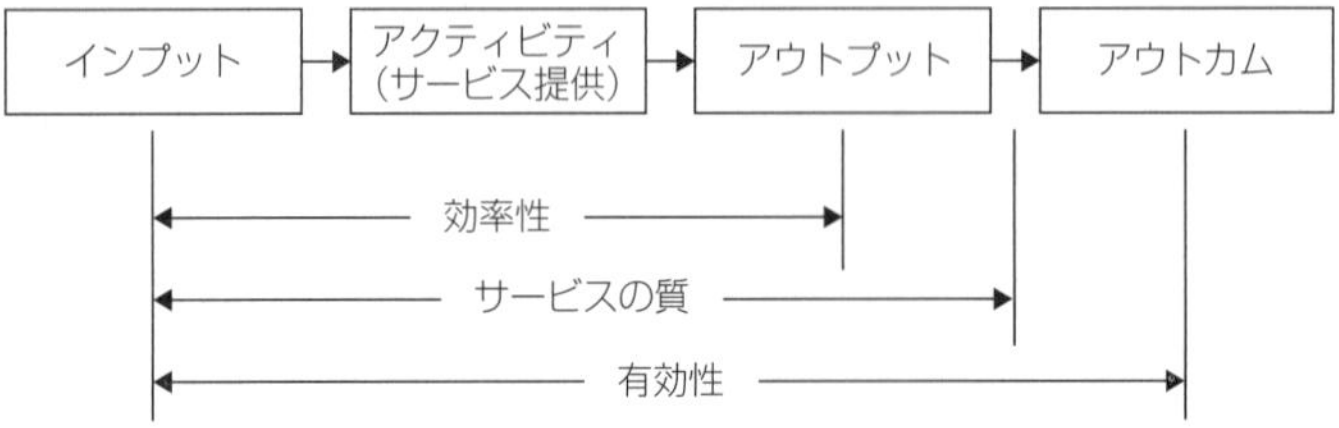

図1　ロジックモデルとパフォーマンス測定の対応

Martin, L. L., and Kettner, P. M.（2010）*Measuring the performance of human service programs*（2nd ed.）. Sage Publication. 参照。

$$\text{アンダーカバリッジ}=\frac{\text{ニーズがある参加者の数}}{\text{ニーズがある人の総数}}\times 100$$

$$\text{オーバーカバリッジ}=\frac{\text{ニーズがない参加者の数}}{\text{ニーズがない人の総数}}\times 100$$

$$\text{カバリッジ効率}=\left[\frac{\text{ニーズがある参加者の数}}{\text{ニーズがある人の総数}}-\frac{\text{ニーズがない参加者の数}}{\text{参加総数}}\right]\times 100$$

図2　カバリッジ効率の定式

出てくることもあるでしょう。

また、利用者のニーズとプログラムの提供範囲（カバリッジ）との関係性といったより特化した効率性については、**カバリッジ分析**（coverage analysis）という方法を用いることも可能です。ここで言うカバリッジとは、プログラムが意図された集団つまりニーズがある利用者をカバーしているかどうかを意味します。よってカバリッジ分析では、計画されたプログラムがニーズ（あるいはリスク）がある集団や地域に対してどれだけ実施されたか、を明らかにすることを目的としています。

基本的作業としては、上のように定式化されるアンダーカバリッジ（undercoverage）とオーバーカバリッジ（overcoverage）を比較し、カバリッジ効率[10]（efficiency of coverage）を算出することが考えられます。

たとえば、対象地域に90人のニーズがある人、40人のニーズがない人がいた場合のそれぞれの数値は、次の図のようになります。ここで、アンダーカバリッジが72・2％であるということは、ニーズがある人のうち約7割がプログ

け、少なくとも効率性、サービスの質、有効性の3つをアカウンタビリティ・ベースで判断することにより、プログラムの必要性の検討や資源配分の根拠にしようという動きからであった。US General Accounting Office (1998) *Performance measurement and evaluation: Definitions and relationships.* (Document number GAO/GGD-98026) 参照。

［8］生産性（productivity）である。

［9］支援者が単位時間あたりどのくらいの利用者にサービスを提供しているのか。

［10］Rossi, P.H., Freeman, H.E., and Lipsey, M.W. (1999, p.211) *Evaluation: A Systematic Approach* (6th ed.) Sage Publication. および Berk, R.A. and Rossi, P.H. (1999, p.68) *Thinking about program evaluation* (2nd). Sage publication を参照。カバリッジ効率については、参加・不参加の数が極端に大きいために成立しない場合もある。

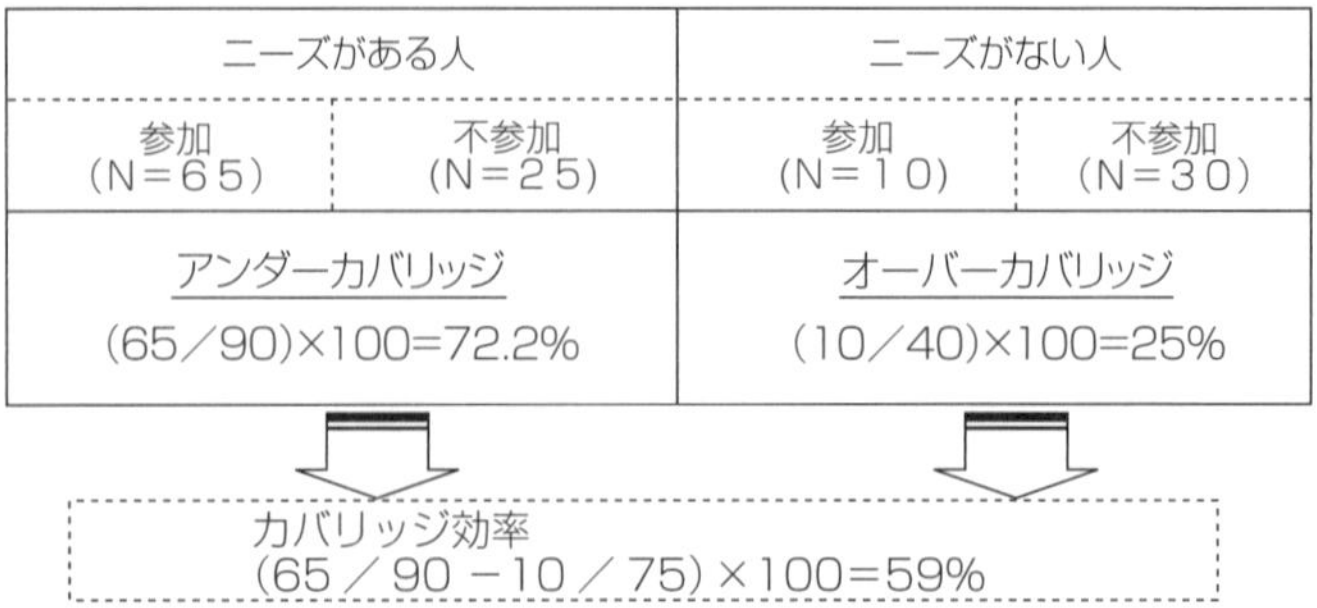

図3　カバリッジ効率の算出例

ラムのサービスのカバリッジ下にあったということです。また、オーバーカバリッジが25％であるということは、ニーズがない人、いわばプログラムの対象外の人の25％に実施されていたということになります。

この例は、プログラムへのニーズという形で示しましたが、同様の形式でプログラムの介入が必要なハイリスク人口と一般人口についてのカバリッジ効率の算出に対しても、適用が可能と考えられます。

3　サービスの質

効率性の指標が一義的に定まりやすいのに対して、**サービスの質**（quality）を定義するには、より注意が必要となります。サービスには、モノとは違う、さまざまな性質が存在するために、その質を定量的に評価するには多くの工夫が必要となります。

（1）サービスの質の分類

特にサービスの質の定義の上で有用なのが、**モニタリング指標**と呼ばれるものです。下図に示したように、時宜性（timeliness）、安全性（safety）、利便性（convenience）、完全性（thoroughness）、正確性（accuracy）、優遇性（courtesy）といった6つの視点を使いわけます。[11]

たとえば、サービスを利用する際の平均的な待ち時間、ウェイティングリストの人数（時宜性）、サービスの利用日、利用申請や手続きの簡便さ、時間帯、アクセスの良さ、提供場所・地域ごとの利用率（利便性）、アセスメントからサービス提供まで内容や手順が完結しているか（完全性）などの情報を手がかりに指標作成を行います。またサービス提供および利用に関しては、安全な状況下で行われたか（安全性）、まず〝サービスありき〟ではなく〝利用者ありき〟という視点が守られていたか（優遇性）、サービスが予定通り、確実に実施できたか（正確性）などを手がかりにすることも可能です。

6つの次元を総合的に判断できる規準（クライテリア）および基準（スタンダード）を設定し、それらをクリアしたものが質の高いサービスと呼ばれることになります。このモニタリング指標に関しても、プログラムの目的、内容、対象者などを参考に、カスタマイズされた情報が必要となります。[12]

たとえば、プログラムやサービスが適切な参加者に対して提供されていたか（サー

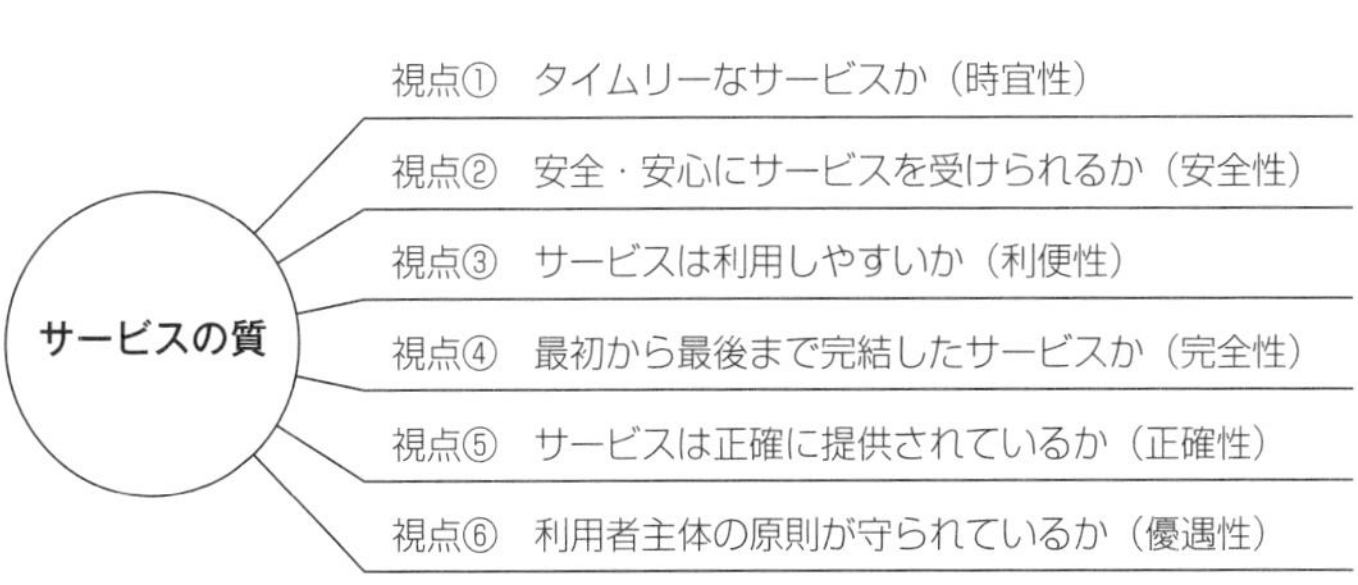

サービスの質
視点①　タイムリーなサービスか（時宜性）
視点②　安全・安心にサービスを受けられるか（安全性）
視点③　サービスは利用しやすいか（利便性）
視点④　最初から最後まで完結したサービスか（完全性）
視点⑤　サービスは正確に提供されているか（正確性）
視点⑥　利用者主体の原則が守られているか（優遇性）

図4　モニタリング指標の6つの視点

ビスの正確性）という疑問点は、サービスにどれだけ**バイアス**（bias）が生じていたかということの裏返しとなります。ここで言うバイアスとは、プログラム参加者や提供方法の偏りのことで、プログラムによる介入やサービスの提供を受ける人と受けない人（あるいは受けようとしない人）との違いによって判断されます。

プログラムに積極的に参加して、知識やスキルを得ようとしている人とそうでない人では、モチベーションや参加態度が異なってくることは容易に想像ができます。意欲的な参加者は、プログラムの実践家にとっても〝理想的な参加者〟であるため、より高い介入効果も期待できるでしょう。

逆に、参加に意欲的でなく、なかば強制的に参加を強いられた人たちも中にはいます。このような参加者は、実質より低い効果しか望めないことも充分考えられます。また、プログラムからの離脱・途中不参加（ドロップアウト）となる可能性も否定できません。

バイアスの原因は多種多様であるため、一概にどのような手法（例：定量的・定性的な分析）を用いて測定するのがよいとは言い切れません。しかし、バイアスがプログラム自体（例：実施者や提供法）から生じたものなのか、あるいは利用者や利用グループの特性からきたものなのかを査定することは、正確性を評価する上で非常に重要です。そして、もしバイアスが確認・仮定される場合には、それを何らかの形でコントロールした上で介入効果の評価が行われるべきです。

[11] Poister, T. H. (2004) Performance monitoring. In In J. S. Wholey, H.P. Hartry, & K.E. Newcomer (Eds.) *Handbook of Practical Program Evaluation* (2nd ed.). (pp. 98-125). Jossey-Bass.

[12] 別の視点によるとサービスの質は、accessibility, assurance, communication, competency, conformity, courtesy, deficiency, durability, emphathy, humaneness, performance, reliability, responsiveness, security, tangibles など計15次元に定義できるともされる。Martin, L. L., and Kettner, P. M. (2010, p.53) *Measuring the performance of human service programs* (2nd ed.). Sage Publication. 参照。

(2) サービスの満足度

以上、サービスの質の定義について、6つの主要因を中心にみてきました。サービスの質を定義する上で、これらの要因と同じように（あるいはそれ以上に）重要なものがあります。それは、利用者の**満足度**です。これは〝大変満足している〟から〝全く満足していない〟までのリッカート法を用いたアンケート等に代表されるものです。

サービス利用の満足度は、時にプログラムの効果（アウトカム）として概念化・指標化されるのですが、この満足度という概念は、厳密にはプログラムのアウトプットに属するものと考えられています[13]。いくらプログラムへの満足度が高くても、それが必ずしも利用者のアウトカムにつながるとは限りません。

たとえば、ある参加者が定評のある研修プログラムの全日程に出席し、満足度が高い状態で終了したとします（例：〝大変満足である〟とアンケートに回答）。しかし、プログラムが目指す知識・態度・行動等の肯定的な変化が現れなかったとしたら、果たしてプログラムの効果があったと結論づけてよいのでしょうか。利用者の満足度は高いものの肝心なアウトカムが現れなければ、そのプログラムは〝効果なし〟と評価する方が妥当でしょう。

満足度がなぜアウトカムではなくアウトプットに属するのか、という点は難しく感じられるかもしれませんが、プログラムの目標との関係性から考えると違いが明らか

[13] 大学等でのファカルティ・ディベロップメントの一環として行われている授業評価においても同じで、学生の授業満足度はアウトプットとして測定されるサービスの質であって、本来の教育効果はアウトカム（ラーニング・アウトカムズ）として測定されるべきものである。

になります[14]。アウトカムは期待されるプログラムの目標と置き換えることができますが、そのプログラムの目標を〝利用者の満足度が上がる〟とは通常設置しません[15]。あくまで目標はプログラムの効果としての利用者の変化です。よって、満足度はアウトカムではなくアウトプットに属するものとなるのです。

満足度が高いプログラムでは、プログラムが目指す効果つまり知識やスキルの習得、行動変容の喚起、態度の向上といった効果が期待できることも確かです。しかし厳密には、パフォーマンス測定におけるサービスの質の定義・測定、そして次に説明する有効性とは違うものになります。

3　有効性

プログラムの**有効性**（effectiveness）は、インプットに対する効果が認められた利用者の割合のことを意味し、有効性＝アウトカム／インプットというような定式化が可能です。有効性は、プログラムが発展ステージまたは効果顕在ステージ[16]に至ってはじめて、その査定が可能になります。そして、サービスの質と同様に、どのような効果があってそれを有効とするのかを熟慮する必要もあります。アウトカムの定義および測定に関しては、次項で詳しくみていきたいと思います。

パフォーマンス測定において特に重視されるのが、アカウンタビリティです。そして、このアカウンタビリティを提示する上で最も重要なのが、〝実際にプログラムは

[14] ビジネスにおけるサービスでは満足度がアウトカムとされることがあるが、これは、企業活動が顧客満足のためにあるという理由からである。しかし、ヒューマンサービスの場合は、〝利用者満足〟がすべてとは言い切れない。

[15] これは、ゴールとサービス提供との違いという点からみても分かる。2－5参照。

[16] 3－2参照。

どれだけ効果があったのか〟ということになります。この有効性を適切に示すことにより、たとえば、効果が認められる利用者数に対する費用額といった費用対効果の算定も可能になってくる訳です。まとめると、アカウンタビリティを提示する上では、有効性＞サービスの質＞効率性の順に、その重要性が増すことになります[17]。

[17] Martin, L. L., and Kettner, P. M. (2010) *Measuring the performance of human service programs.* (2nd ed.). Sage Publication. 参照。

3-4 アウトカム評価

〝プログラムの効果はあったのか〟という評価のいわば核心にせまるのが**アウトカム評価**（outcome evaluation）です。

1 プロセス評価との違い

アウトカム評価について詳しくみていく前に、アウトカム評価とプロセス評価には本質的な違いがあるので、ここで少し整理してみたいと思います。

プロセス評価にはプログラムの進捗状況を確認し、サービスが適切に利用者に届いているかを点検する目的がありました。一方、アウトカム評価では、評価結果を意思決定の判断材料にする傾向が強くなります。プロセス評価とアウトカム評価では、評価クエスチョンの内容から用いられる方法論まで、あらゆる点が異なります。両評価形式の違いをより体系的に整理するために、目的、焦点、結果の利用という視点から説明したものが次の表です（次頁下）。

2 アウトカムが意味するもの

アウトカムには、効果、成果、結果といった意味があります。このアウトカムという言葉は、専門的にはプログラムが対象とする人々にもたらす最終結末[1]あるいは個人や集団がプログラムにより得る利益や変化[2]のことを指します。よってアウトカム評価は、プログラムの利用者に現れたメリットそしてその価値を査定し、プログラムの効き目を明らかにするための評価と言うことができるでしょう。

アウトカム評価では、プログラム自体がもつ機能性や効用といった〝プログラム側〟の要因に注意が注がれると思われがちです。しかし、プログラムによって影響を受けた〝利用者側〟の要因を査定するところにアウトカム評価の特徴があります。両者には、大した違いがないように思えます。しかし、この違いが認識されているか否かでは、アウトカムの特定・測定に大きな違いが現れてきます[3]。

アウトカムとして捉えられる利用者側の具体的な要因としては、以下のようなものが考えられます[4]。

表1 プロセス評価とアウトカム評価の比較

	プロセス評価	アウトカム評価
目　　的	プログラムを改善しより効果的な介入を行う。定期的な報告を行い情報の共有を行う。	ステークホルダー・資金援助者・地域コミュニティへの結果の報告。プログラムの価値やメリットを評価する
焦　　点	プログラムの活動やアウトプット・短期的アウトカムに焦点を合わせ必要があれば活動内容などの変更も行う。	プログラムの中長期的なアウトカムやインパクトを評価する。
結果の利用	介入を行うスタッフに対し改善点に関する情報提供を行う。	プログラムの効果を記録することによりプログラムの質や効用性を検討できる情報源として有用。

注）便宜上，プロセス評価とアウトカム評価としたが，本来は形成的評価と総括的評価である。Bond, S. L., Boyd, S. E., and Montgomery, D. L.（1997）*Taking stock : A practical guide to evaluating your own programs.* Horizon Research, Inc を参照。W. K. Kellogg Foundation.（2001, p. 35）*Using logic models to bring together planning, evaluation, and action : Logic model development guide.* Battle Creek, MI : Author. から引用。

①行動・行為の変化（例：不登校の生徒が学校に行きだす）
②意識・意欲の変化（例：学習意欲が高まる）
③認知・態度の変化（例：学校生活が好きになる）
④知識・理解の変化（例：生活習慣病についての知識が増える）
⑤興味・関心の変化（例：運動への関心が強まる）
⑥スキルの変化（例：対人コミュニケーションスキルが向上する）
⑦状態・立場の変化（例：生活状態が良くなる）

プログラムやサービスの受け手が、個人以外の場合もあります。組織や地域コミュニティなどのシステムレベルへの介入によってもたらされたアウトカムがこれにあたります。このような介入のアウトカムの例としては、以下のようなものが考えられます。

①サービス提供システムの変化
（例：「待ち型」から「アウトリーチ型」の提供システムへ変わる）
②組織特性・関係性・風土の変化
（例：組織・地域における社会関係性が高まる）
③運営・マネジメント法の変化

[1] Weiss, C. (1998) *Evaluation: Methods for studying programs and policies* (2nd ed.). Upper Saddle River, NJ: Printice Hall.

[2] United Way of America (1996) *Measuring Program Outcomes: A practical Approach.* Alexandria, VA: United Way of America.

[3] サービス提供と利用者の変化の違い。

[4] Patton, M.Q. (1997) *Utilization-focused evaluation* (3rd. ed.). Sage Publication. を参考。パットンは、変化のタイプを状況、地位、行動、機能、態度、知識、スキル、維持、予防と分けた。また、関心・意欲・態度については「〜している」「〜が分かっている」「〜に気付いている」という語尾で表現される。高浦勝義・松尾知明・山森光陽（2006）『ルーブリックを活用した授業づくりと評価　③生活・総合編』教育開発研究所。

（例：民主的な組織マネジメント法へ移行する）

3　アウトカムの特定

アウトカムを特定する際に参考にするのは、プログラムのゴール（goal）および目標（objective）です。特にプログラムの目標には、行動の変化・変容を記述した行動目標やスキル等の習得に関する学習目標が設定されているため、これらを参考にアウトカムの測定指標（アウトカム指標）を作成するとよいでしょう[5]。

特に、定量的なアウトカム評価では、アウトカム指標を目的変数と考え、分析を行う場合が多くあります。つまり、プログラム（による介入）という〝説明（独立）変数〟が原因となり、アウトカムという〝目的（従属）変数〟で表された結果が生じた、と考えることができます（下図）。

また、アウトカムの特定には、プログラムのインパクト理論とロジックモデルが有用な場合もあります[6]。これらのモデルには、先述の〝原因→結果〟の関係性が明示されているため、それを活用します。

プログラムの目標は期待されるアウトカムと捉える事ができるので、その目標を〝構成概念化〟することになるのですが、目標をアウトカムとして読みかえるだけでは、作業として不十分でしょう。この段階で重要なのは、実際にアウトカムが測定可能かあるいは測定するかは別として、ステークホルダー、プログラム実施者、利用

[5] すでにある指標や尺度を使用できる場合もある。

[6] 2-6、2-7を参照。

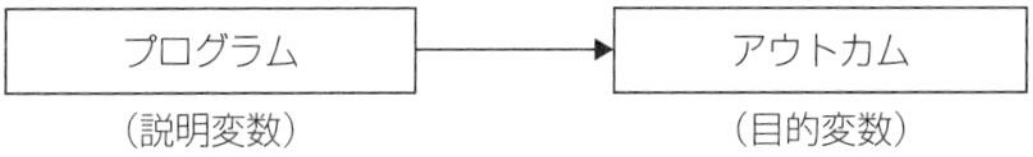

図1　プログラムとアウトカムの因果関係

者、評価者などがお互いの立場から適切と思われる、多面的なアウトカムを設定することと言えます。

4 困難をともなうアウトカムの特定

アウトカムの特定は簡単そうに見えても、実際には困難な作業をともなうことが多くなります。評価の専門家の力量が特に発揮されるのがこのアウトカムの特定と考えられます。

その理由ですが、第一に、プログラム活動では利用者にもたらす影響は多岐にわたり、そのため利用者に現れるアウトカムも多様に定義できるという点です。これは、実験的刺激の効果の実証が主な目的である心理実験の場合とは大きく異なります[7]。

プログラムのアウトカムに至るまでの過程にしっかりとした心理学や行動科学の理論的裏づけがあることが理想的であるのは言うまでもありません。しかし実際のプログラムは、通常の単発の実験や調査と比べると、非常に多くの活動がともないます。その分、アウトカムの範囲も広くなります。

アウトカムの特定が困難となる第二の理由としては、アウトプットからアウトカムへの流れはいつも成立するわけではないということが挙げられます。プログラムの活動や提供されたサービスの量や質が、利用者の利益や肯定的変化に直接的につながるとは限らないということです。

[7] この違いは、プログラム介入の評価が〝閉じたシステム（closed system）〟ではなく、様々な交互作用が存在する社会的文脈である〝開いたシステム（open system）〟であると表現できる。Chen, H. T. (1990) *Theory-Driven Evaluations.* Sage publication.

「2-7　ロジックモデル」の解説では、地域参加の促進をゴールとしたプログラムにおいて、告知のために配布されたチラシの数（アウトプット）とそのチラシを見て実際に参加した人の数（アウトカム）[8]とは必ずしも一致しないことを確認しました。そこで、参加者の参加行動がどの程度変化したのかをアウトカムとして正確に捉えるための工夫が必要となります。もしこの作業に誤りが生じると、不完全なアウトカムの特定につながり、構成概念についての妥当性が確保できなくなってしまいます。

　第三の理由としては、ステークホルダーが多数いる際にアウトカムの絞り込みが難しくなることです。心理学実験や調査において〝従属変数〟がいわば一定の理論に基づいて導き出される場合と違い、プログラム評価では、〝クライエント〟である評価結果の利用者の視点がアウトカム測定に反映されていることが結果の有効利用につながります。もし評価結果を利用するステークホルダーが多種多様であれば、彼らの意見や要求をすべて反映させた形でアウトカムを特定することは困難です。

5　アウトカム特定の手順

　複数存在すると思われるアウトカムが構成概念として特定できたら、指標化する作業はひとまず置いて、それらのアウトカム群の構造を整理するとよいでしょう。その際に役立つのが、時系列に応じた分類と社会生態学的な視点による分類です。以下で

[8] およびその人たちへの効果（例：生活の質の向上）。

はこれらの点について見ていきたいと思います。

(1) 時系列レベルに分類する

まず時系列レベルでの分類に関しては、アウトカムを**即時的アウトカム**（immediate outcome）、**中期的アウトカム**（intermediate outcome）、**長期的アウトカム**（long-term outcome）に分けます。これらのアウトカムがどの程度の期間になるのかは、プログラムの目標や介入内容によって異なります。よって、それぞれ多様であってよいでしょう[9]。

また多くの場合、即時的アウトカムでは利用者の知識・態度・スキルの変化、中期的アウトカムでは（知識・態度・スキルの変化にともなう）利用者の行動の変化、長期的アウトカムでは利用者の状況・立場・地位などの変化、というような個人内外の時系列的変化が認められることが特徴的です。

(2) 社会生態学的な視点から分類する

次に、社会生態学的（エコロジカル）な視点による分類に関しては、アウトカムが、①個人レベルに変化をもたらしているのか、②（利用者を含む）家族や友人レベルの関係性等に変化をもたらしているのか、③高次元の組織や地域レベルに影響を及ぼしているのか、という視点から分類を行います。多くのアウトカムが利用者レベル

[9] 1〜3年後（即時的）、4〜6年後（中期的）、7〜10年後（長期的）が分類の目安とされることがある。W. K. Kellogg Foundation. (2001) *Using logic models to bring together planning, evaluation, & action: Logic model development guide*. Author.

の行動・態度等の変化によって規定されますが、その最終到達地に行き着くまでの道のりを整理・分類するにあたって、このようなエコロジカルな視点が役立つことも多いでしょう。

(3) 測定するアウトカムの優先順位を決定する

時系列およびエコロジカルレベルにおいてアウトカムの要因間構造が明らかになったら、次の作業として実際に測定するアウトカムの優先順位を考えていきます。前段階までに特定されたアウトカムの中でも、その測定が可能であるもの、実際に必要であるものというように、区別ができるはずです。よって、このアウトカム測定の〝必要性〟と〝可能性〟の側面から優先順位を決定していけば、体系的かつ効率的な判断ができます。

まず必要性については、得られる評価結果をどう利用するかということにはじまり、金銭的・時間的コストはどうか、利用者への負担は大きすぎないか、といった点が検討事項になります。

いくら必要だからといっても、そのアウトカムが実際に測定可能であるとは限りません。技術的な制約（例：適切な測定法が存在しない）や倫理的な制約（例：成績等の個人情報の開示が不可能）があるからです。よって、必要性と可能性の両方を考慮しつつ、優先順位が決められることになります[10]。

[10] ゴール明確化評価における優先順位の評価。Chen, H. T. (2005) *Practical program evaluation : Assessing and improving planning, mplementation, and effectiveness.* Sage Publication.

[11] アウトカム測定表については、アウトカムの優先順位設定の前に作成し、順位決定の一助とするのもよい。United Way of America (1996, p. 60) *Measuring Program Outcomes : A practical Approach.* United Way of America.

(4) アウトカム指標の選定・作成

測定を行うアウトカムが具体的に決定したら、次に実際のアウトカム指標の作成または当該アウトカムの測定に最適と思われる指標を選定します。アウトカムは、その定義からも分かるように、態度・行動等（の変化）といった個人レベルの心理量によって測定されるものです。心理量は物理量と違って、直接手にとってその重さや長さを測ったりすることはできません。よって、このような心理量をしっかりと測定するために、アウトカムの内容やそれを示す項目（指標）やデータ源に関する情報を整理するとよいでしょう。その一助として、下のような分類表が役立ちます[11]。

また、すでに標準化されたスケール（尺度）が存在すれば、それを利用することも可能ですが、そうでない場合は、アウトカム指標の作成が必要となってきます。

表2　アウトカムの種類・指標・データの分類

アウトカム名	アウトカム概要	アウトカム指標	データ源	データ収集法
リーダー志向	地域でリーダーとしての役割を果たせるか	リーダー尺度	プログラム参加者	質問紙調査
心理的準備性	“地域デビュー”へのこころの準備はできているか	項目作成	プログラム参加者	インタビュー
対人コミュニケーション	コミュニケーション・スタイルの質の評価	対人関係評価尺度 アサーティブ尺度	プログラム参加者	質問紙調査

3-5 アウトカム評価のアプローチ

アウトカム評価では、プログラムがターゲットとしているアウトカムを体系的に評価していきますが、そのアプローチは様々です。ここでは、その中でも特に重要と思われる社会科学アプローチそして理論主導アプローチについてみていきたいと思います。

1 社会科学アプローチ

ロッシらによって体系化されたアウトカム評価には、社会科学の手法や考え方が色濃く反映されています。[1] **社会科学アプローチ**は、プログラム介入以外の〝不純物〟を含まない、〝ピュア〟な介入効果を査定し、正確な効果評価をすることを基本姿勢とします。

不純物を含まないピュアな介入効果を査定するということは、ラジオから流れてくる音楽（シグナル）を、雑音（ノイズ）が入らないように調節することに似ています。ここでいうシグナルにあたるのがピュアなアウトカム、ノイズにあたる部分が不

[1] これは彼らの評価の定義（1-2参照）からも分かる。

純物で、つまり後に詳しくみる外生要因ということになります。[2]

実際のプログラムのアウトカム評価において、ノイズだけを取り除き、プログラムのピュアな効果を測定するというアプローチを取ることは事実上不可能です。これは、プログラムのアウトカムが、参加者である人の行動や考え方の変化・変容あるいはプログラムがターゲットとした社会問題等の解決・改善といった、目に見え難く、さらに測定しにくいものであることから考えても分かります。

先ほどから強調してきましたが、フィールドは、様々な出来事、社会的状況、人と人とのコミュニケーション等が存在する**開いたシステム**（open system）です。プログラムを必要とする参加者もその開いたシステムの中で暮らしているので、自然発生的な支援や社会経済的な影響といった、プログラム以外の影響を当然受けることになります。

先にみた大学生の就職支援プログラムでは、プログラム実施の如何を問わず、景気が良くなれば就職率は高くなるはずですし、景気が悪くなれば就職率も低くなります。つまりアウトカムである就職率は、景気というプログラム以外の社会的要因の影響を受けるのです。プログラムのピュアな効果のみを取り出すということは、景気の良し悪しという社会的要因を物理的に取り除くということになります。これには当然無理があります。

あるいは、家族や友人からの心理社会的なサポートを享受することによって、就職

[2] ピュアな介入効果のことをインパクトと呼びこれを体系的に評価することに特化したものがインパクト評価とされることもある。Rossi, P. H., Freeman, H. E., and Lipsey, M. W. (1999) *Evaluation : A Systematic Approach* (6th ed.). Sage Publication.

へのモチベーションが向上し内定を獲得した学生がいたとします。ここでは、プログラムの効果ではなく、家族や友人からの自然発生的な支援による影響が大きくなります。いくらプログラムの純粋効果（シグナル）を知りたいからといって、家族や友人からの支援（ノイズ）を意図的に取り除くことは倫理上の問題からも現実的に考えても不可能です。

　このように考えていくと、プログラム以外の影響を取り除いて、プログラムの**実質効果**（net effect）を測定することは、事実上不可能となります。しかし、実質効果とは、このような純粋なアウトカム（インパクト）のことを指していて、ここではそれをできるだけ正確に測定しようとするのです。

　純粋なアウトカムそのものを〝ピンポイント〟で測定することができないため、その代わりに、**方法論の厳格性**（methodological rigor）に則って、実質効果を実証しようとするのが社会科学アプローチの特徴です。具体的に、アウトカムと実質効果の関係性を定式化すると以下のようになります[3]。

［アウトカム総計］＝［実質効果］＋［外生要因の総計］＋［デザイン効果］

　この実質効果を測定するために、外生要因をできるだけコントロールし、評価の方法や質の低さから生じるデザイン効果を最小化することを目指します。そうすると、

[3] Rossi, P. H., Freeman, H. E., & Lipsey, M. W. (1999, p. 241). *Evaluation : A Systematic Approach* (6th ed.). Sage publication.

得られたアウトカム総計がより実質効果に近いものになります。具体的な方法については、後に実験デザインに基づく評価（第４部）のところで、詳しく見ていきたいと思います。

２　理論主導アプローチ

チェン（H. Y. Chen）によって体系化された**理論主導アプローチ**は、社会科学アプローチでみた方法論主導、ときに方法論偏重の評価に対する反省から生まれたとされています。アウトカム評価の際、プログラムの純粋効果を正確に測定したいと思えば思うほど、方法論の厳格性に気をとられがちです。しかし、方法論ばかりにとらわれていると、肝心のプログラムの内容や本来の姿を見失ってしまう恐れが出てきます。このようなことを避けるために、プログラムの理論面に焦点を当てメカニズムを探っていくというのが理論主導アプローチの基本的な考え方です。

このアプローチでは、特に、①プログラムの理論を充分に活用しアウトカムをより包括的に評価する点、②心理学諸理論を活用しプログラムの理論を構築し、ステークホルダーの見解等を参考に、意図する効果と意図しない効果を導き出す点の２つに焦点が当てられます[4]。つまり、プログラム介入とアウトカムの間の因果関係をプログラムの理論の枠組みで捉え、意図する効果はもちろんのこと、意図しない効果までも予想するのが、理論主導アプローチによるアウトカム評価という訳です。

［4］インパクト評価Ⅰ（impact Evaluation Ⅰ）とインパクト評価Ⅱ（impact Evaluation Ⅱ）と呼ぶこともある。Chen, H. T.（1990）*Theory-Driven Evaluations*. Sage publication.

3　理論主導アプローチによるアウトカム評価

理論主導アプローチによって明らかにされるプログラムの〝中身〟の概略を示したのが下の図です。ここでは、プログラムの介入とアウトカムの関係性を、介入の質・量、決定要因、外生要因、介入構造、プロセス－アウトカムの各側面の継続性から捉えていきます。

(1)　介入の質・量

プログラムがいくら実施されたとしても、それが表面的で中身が伴っていない介入であれば、意図した効果は望めないでしょう。このようなことがないように、まず、介入の質（quality）を査定する必要があります。

薬の投与量と効き目との間に因果関係の強弱があるのと同じように、プログラムの度量（dose）と効果の程度にも関係性があります。よって、プログラムの実施期間や程度などの介入の量（quantity）にも着目する必要があります。この点については、たとえば、利用者の利用期間、利用回数、利用時間を考慮し、それを分析モデルに組み込み、評価を行うことになります。

(2)　決定要因と外生要因

プログラム介入を決定づける要因（決定要因）、そして介入効果の内的妥当性

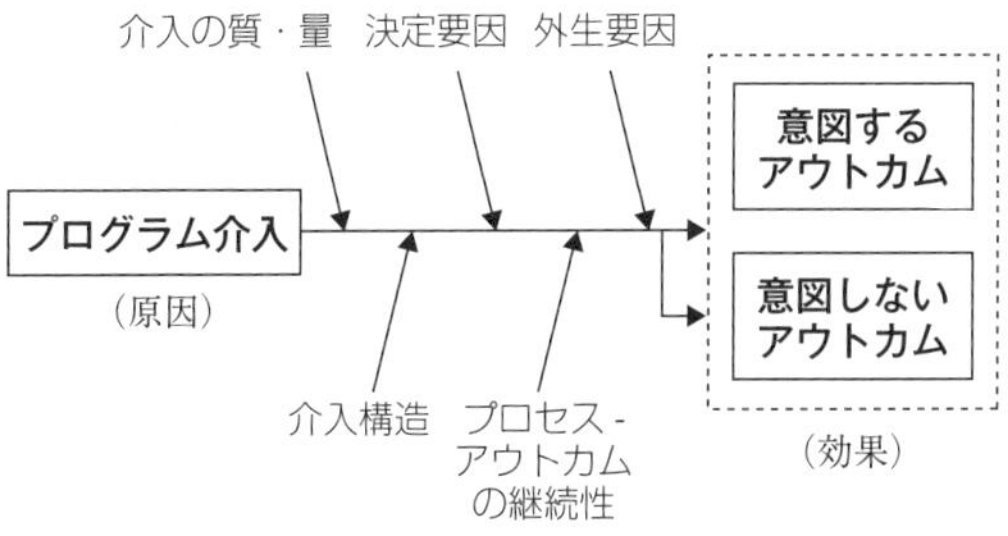

図1　理論主導アプローチからみたプログラムとアウトカム

（因果関係）の脅威となる外生要因（例：履歴、成熟、テスティング）の統制[5]も大切になってきます。

まず決定要因についての評価では、理論上設定された決定要因が、実際に決定要因になっているかを確かめます。

次に、外生要因の影響が特に懸念される場合には、実験デザインを用いてそれをコントロールします。ただし、先にみたように方法論主導（偏重）ではなく、プログラムが実施されている場面設定や社会的文脈にまず着目し、それに沿った形で実験デザインに積極的に修正をかけていくことが大切とされています。

厳密な実験デザインに固執しすぎるあまり、運営側からのアウトカム評価自体の遂行の難しさを指摘されたり、プログラム利用の中断といった利用者への影響につながったりすることもありえます。厳密な実験デザインをただ受け身で用いるのではなく、積極的に修正をかけて用いることが大切とされるのは、このような意味においてです。まず実験デザインありきではなく、まずプログラム（そして利用者）ありき、ということを念頭におき、プログラムの本来の姿を確保した上で、必要に応じて実験デザインに修正を加えるということになります[6]。

(3) 介入構造

プログラムの介入構造の評価では、プログラムの理論的背景として示された因果関

[5] 詳しくは、安田節之・渡辺直登（2008, p. 113）『プログラム評価研究の方法』新曜社を参照。

[6] 評価研究における方法論の研究では、プログラム実施文脈に沿った評価デザインや測定法を検討する。

係が、ステークホルダーや評価者が想定した通りに機能しているか、という点を確認します。具体的には、媒介要因や調整要因の定量的分析などを用いて介入構造の〝脱ブラックボックス化〟を行い、〝なぜ〟そして〝どうやって〟プログラムの効果が上がったのかを明確化していきます。

(4) プロセス・アウトカムの継続性

アウトカムはプロセスを経由して現れてくるので、これら両者の継続性に着目する必要があります。そのためには、すでに実施したプロセス評価の結果を利用し、プログラムの実施理由や計画⇒プログラムの実施状況⇒プログラム介入の関係性が成立していることを確かめます。その上で、プログラム介入⇒決定要因の関係性についてロジックモデル等を用いて精査します。そして最後に、決定要因⇒アウトカムの関係性を、プログラムのゴールや目標そしてインパクト理論を参考に評価するという手順が考えられます[7]。

以上、社会科学アプローチと理論主導アプローチのアウトカム評価の枠組みについてみてきました。次の第4部では、どのようにこれらの枠組みを評価の中で実現するのかについてみていきたいと思います。

[7] Chen, H. T. (2005) *Practical program evaluation: Assessing and improving planning, implementation, and effectiveness.* Sage Publication.

第4部

実験デザインに基づく評価

4-1 エビデンス

対人・コミュニティ援助を行う上で、実践家の豊富な経験や勘に頼る点が大きいことは言うまでもありません。誤解を恐れずに言えば、長年の実践によって培われた経験や勘さえあれば、実践の効果の科学的な実証など必要ないとするのも一理あるのではないでしょうか。しかし、ここ十数年の間にヒューマンサービス領域において、**エビデンス（客観的根拠）に基づく実践**の重要性が強く指摘されるようになってきました。これは、勘や経験のみを頼りサービスを提供するのではなく、サービスの内容や提供法に関する客観的な情報を提示し、科学的に〝正当と認めうる（justifiable）〟サービス提供を目指すという方向性の現れです。特に、後にみる実験・準実験アプローチによるプログラム評価[1]の主目的は、実施されたプログラムの介入効果のエビデンスを示すためと考えてよいでしょう[2]。

客観的根拠を意味するエビデンスを求める方向性は、アカウンタビリティとともに、保健・医療・福祉を始め、社会科学や政策科学領域といったあらゆる領域に浸透しています。科学的（客観的）根拠を基盤とする治療はエビデンス・ベイスト・メデ

[1] 4-5参照。

[2] 実験的手法について解説した書籍は数多くある。社会科学の研究領域一般、特に実験心理学の領域では、必須の方法論として、説明に多くのページ数が費やされている。そして無作為試行（RCT：randomized control trial）など、より洗練された実験手法も開発され、デザイン、統計手法ともに発展が続いている。D・J・トーガーソン、C・J・トーガーソン／原田隆之・大島巌・津富宏・上別府圭子訳（2010）『ランダム化比較試験（RCT）の設計：ヒューマンサービス、社会科学領域における活用のために』日本評論社 [Torgerson, D. J., and Torgerson, C. J. (2008) *Designing Randomised Trials in Health, Education and the Social Sciences: An Introduction.* Palgrave Macmillan]

ィスン（ＥＢＭ：evidence-based medicine）、客観的根拠に基づいた実践全般はエビデンス・ベイスト・プラクティス（ＥＢＰ：evidence-based practice）と呼ばれます。

　プログラムのアウトカム（効果）は、主に人に現れますが、それゆえ企業の業績などのように目に見える形で表すことは難しくなります。だからといって、ただ単にプログラムを実施し、何の根拠もなく効果が上がっていると結論づけるだけでは、プログラムへの資金提供者や運営側が納得するはずもありません。彼らが求めているものは、プログラムが確実に効果をあげている、という裏づけや証拠です。つまりこれが、**エビデンス（客観的根拠）**という訳です。

　もしこのエビデンスが存在しなければ、数々の教育プログラム・社会サービスは、芸術の世界のように、評価基準が客観化されにくいものになってしまいます。もちろん、芸術家の作品や活動の評価には、専門家からみた芸術的センス、専門的技術、社会的な名声といった基準が存在することも事実です。ただ、プログラム評価の実践、特にエビデンスの提示という目的においては、そのような評価基準や評価法とは別の方法が必要となります。

　プログラムの客観的根拠を示すための具体的な方法については、「４－５　実験・準実験評価デザイン」でくわしくみていきますが、一般に、プログラムには何らかの介入があり、それにともなった効果があります。プログラムの効果に客観的・科学的な根拠を与えるためにまず必要なのは、介入効果に客観性を持たせるということです。自分はこう思う、こうあるべきだ、といった主観的ではない判断、つまり〝論より証拠〟が求められるのです[3]。

[3] エビデンスは、通常、数値で示されるが、その数値を解釈するのは人間なので、そこに主観的な判断がともなうことは避けられない。その主観性をどれだけ統制できるか、または、それに理論的根拠を与えることが出来るかが客観性を確保するための方策となる。

4-2 因果関係

客観的根拠のキーワードとなるものに**因果関係**があります。因果関係とは、2つまたはそれ以上に存在する原因（なぜ）と結果（そうなるか）との関係性であり、エビデンスを提示する上で必要不可欠です。しっかりとした因果関係が成立すると分かれば、それをエビデンスとして提示することができますし、逆に、あやふやな（因果）関係では、〝風が吹けば桶屋が儲かる〟でしかありません。

プログラム介入と効果の因果関係を示すと下図のようになりますが、ここでは、先行性・関連性・唯一性という因果関係が成立するために必要な条件についてみていきたいと思います[1]。

1 先行性・関連性・唯一性

まず**先行性**とは、プログラム介入（原因）が効果（結果）よりも先に起こっていることを指します。これは当然のように聞こえますが、因果関係が成立するための必要条件の1つです。開始・終了がはっきりとしたプログラムの場合は、先行性は明らか

プログラム介入 → **効果**
（原因）　　（結果）

[1] ジョン・スチュワート・ミル（John Stuart Mill）による因果関係の説明。Shadish, W.R., Cook, T.D. and Campbell, D.T.（2002, p.6）*Experimental and Quasi-Experimental Designs for Generalized Causal Inference*. Houghton-Mifflin.

に保証されると言ってよいでしょう。しかし、プログラムが継続的に行われている場合や介入形式等が変更された場合には、この先行性が確保できない場合があります。

次に**関連性**ですが、これはプログラム介入（原因）と効果（結果）との間に理論的に説明可能な関係が存在する、ということです。プログラム評価では、先行性と比べると、関連性は成立しにくい所があります。その理由については、のちの例でみていきたいと思います。

最後に、効果を生み出している原因が、プログラム介入のみであるという**唯一性**も因果関係成立のための必要条件となります。

これら3つの条件は、普段の生活では当たり前のこととしてほとんど意識されていません。たとえば、自動販売機でジュースを購入する場面を想定してみてください。先に硬貨を投入すれば、ジュースが出てきます。これは硬貨という原因が、ジュースという結果よりも先行していることになります。もし、硬貨を投入する前にジュースが出てきてしまい、後から硬貨を入れてみたとします。これでは硬貨とジュースに因果関係はありません。プログラムによる介入も一緒で、たとえ何らかの効果が利用者に現れても、プログラム介入がその前に行われていなければ因果関係は成立しません。当然のように聞こえますが、これが因果関係における先行性です。

また、自動販売機に硬貨以外のものをいくら投入しても、ジュースが出てくるはずはありません。硬貨、つまり百円玉や十円玉など関連性がある原因を投入してはじめて、ジュース（結果）が出てきます。これが因果関係における関連性です。プログラムの目的やゴールがはっきりとしていない場合に、この関連性（の低さ）という問題が起きます。見せかけだけのプログラムや目的や内容がはっきりしないプログラムは意外と多くあります。また目的や内容がはっきりしていたとしても、効果測定との整合性がとれていなければ、関連性は証明できません。したがって、因果関係が成立するか否かも分かりません。

さらに、この自動販売機が贋金を正しく見きわめ、盗難対策も万全の機械であったとしましょう。そうなるとジュースという結果は、通貨という唯一の原因によってのみ生じていることになります。プログラムの唯一性が証明されるためには、結果を説明しているものがプログラム介入のみであることが明らかにされるべきなのです。そのために、他の原因となるあらゆる要因を統制（排除）することが必要となります。

以上が、因果関係を成立させるための先行性、関連性、唯一性という3つの概念です。プログラムによる介入の効果、つまり、プログラム介入と結果の間に存在するべきこれら3つの要因を証明するには、ただ単に事後データだけをもとに評価すればよい、というものではありません。自動販売機の例に従うと、ジュースという得られた結果だけをみて判断すればよい、という訳ではないのです。

硬貨は正しく投入されたか、投入された硬貨は本当に使用可能なものであったのかという点に始まり、購入者が「コーラ」のボタンを押したのに「オレンジジュース」

が出てしまったということはないか、自動販売機が故障していて硬貨を投入してもジュースが出ていなかったことはないか、といった点に至るまで、あらゆる可能性を吟味する必要があるのです。

プログラム評価の世界では、このごく当たり前のことと考えられていることを証明するのが非常に困難になります。プログラムと効果との間の因果関係を証明するためには、まず効果を生じさせる原因であるプログラムの介入を事前に〝操作する（manipulate）〟ことによって先行性を確保し、プログラムと効果との間に存在する関連性を提示し、介入中に発生しうる外生的な要因を様々な方法で排除し唯一性を確保した上での査定が理想的な評価となります。

4-3 比較

プログラム介入と効果の間に因果関係を成立させる上で重要になってくるのが、**比較**です。比較という概念が、因果関係とどう結びつくのかはイメージしにくいかもしれません。たとえば、あるグループにはプログラム介入という原因があり、他方のグループにはその原因がない場合には、後に両グループは〝何か〟が違ってきます。そして、もしその違い（結果）を生み出す何かが原因のみで説明できれば、因果関係が成立する訳です。[1]

基本的には、原因となるプログラム介入を経験した利用者（介入群）とそうでない利用者（統制群）[2]とは、介入後の時点でどこがどう違うのかの比較を行います。[3]ただ、比較をするためには、スタート地点で両グループが同じでなければ意味がありません。[4]原因となるプログラムの介入前には同じだったはずの2つのグループが介入後に違ってはじめて、プログラムが利用者に何らかの効果をもたらしたと判断可能になります。このような比較によって、プログラム介入と効果の間に存在する因果関係を実証することができるのです。

[1] この比較という概念とランダマイゼーションの2つの視点は、実験的評価手法を考えていく上での基本であり、実験的評価デザインを俯瞰するのに役立つものである。

[2] 統制グループや比較グループと呼ばれることが多いが、ここでは便宜上、統制群とする。

[3] グループ間の比較だけでなく、利用者一人ひとりの個人内の比較も大切になる。この点については、「4-5 実験・準実験評価デザイン」で詳しくみていくことにする。

[4] 厳密には、スタート地点での両グループの違いを何らかの形で（例：統計的に）コントロールすることもできる。

よってここで必要なのは、介入前の段階で等価なグループを作り、そのうち一方のグループにはプログラム介入を行い、もう一方には介入を行わず比較の対象とし、双方の違いを測るという作業です。この説明だけみると、わりと簡単なロジックそして作業で済みそうです。しかし、〝言うは易く行うは難し〟とはまさにこのことで、2つの同じグループを作る、そして双方の違いを測る、という一見簡単そうに思えることが、実は非常に難しいのです。

まず2つの同じグループを作るという点ですが、それぞれのグループを構成するのは、一人ひとりの人間です。人々は、年齢・性別から、考え方や行動パターンまで、あらゆる面において違います。したがって、同一グループを作るといういわば究極の目的に近づくためには、双方のグループがいかに同じような特徴をもった人々で構成されているかが鍵になってきます[5]。具体的にはそれぞれのグループが備える特徴が最終的にマッチするように、何らかのマッチング要因について基準を設け、個人や家族といった集団を介入群と統制群へと割りふっていきます。この方法については、後のマッチングによる均一化のところで詳しく見ていきます。

次に、介入群と統制群の違いが、プログラム介入の効果の有無（または程度）だけで説明できる、ということは実際にはまずありえません。たとえば、プログラムの利用を希望するのは、その内容に興味・関心があり、動機づけや学習意欲も高い人々が多く見受けられます。そうすると主な特徴について類似した2つの集団にみえても、

[5] ここでの同じような特徴とは、プログラムの内容あるいはアウトカム（指標）に直接関連してくる要因に関しての特徴という意味である。Rossi, P.H., Freeman, H.E., and Lipsey, M.W.（1999, p.281）*Evaluation : A Systematic Approach* (6th ed.). Sage Publication.

意欲などには差が出てしまい、その場合、介入群と統制群の差は、実質的なプログラムの効果による違いのほか、利用者のモチベーションという副次的な相乗効果も含んでいることになります。これは、プログラムの効果を過大評価することにつながります[6]。利用者のモチベーションが高い方が、利用者にとってもプログラムの成果をあげる上でも良いことは間違いありません。しかし、プログラムの実質的な効果を正確に測定するという目的においては、介入群だけに〝質の高い〟利用者が集まりすぎると、かえって逆効果になってしまいます[7]。

1　マッチングによる均一化

このように見ると、介入群と統制群を作るのは一筋縄ではいかないことが分かります。しかし一方で、両グループが何らかの基準において同様であれば、便宜上の同一性が確保できます。これが**マッチング**による均一化です。

具体的には、それぞれのグループの特徴が類似するように介入群と統制群を設定していきます。マッチングの基準は、年齢や性別、職業や家族構成など、あらゆるものが考えられます。最も留意すべき点は、プログラムの内容や効き目あるいは効果測定に影響を及ぼすと考えられる要因に関して、マッチングを行うということです。つまり、プログラム介入と効果との正確な因果関係成立の妨げになりそうな要因を、マッチングの基準とするのです。

[6] たとえば、適性処遇交互作用(Apptitude Treatment Interaction)が知られている。Cronbach, L. & Snow, R. (1977) *Aptitudes and Instructional Methods: A Handbook for Research on Interactions.* Irvington. 参照。

[7] その一方で、自発的ではなく強制的にプログラムへの参加を義務づけられた場合は、そもそもプログラムへの興味・関心や動機づけ低い人々が介入群を構成することになるため、プログラムの効果の過小評価につながる危険性もある。

2 マッチングの基準

マッチングの基準は様々ですが、個人（ミクロ）レベル、家族・組織（メゾ）レベル、地域（マクロ）レベルに分類すると、次のようなものが考えられます。[8]

① 個人レベル：年齢、性別、教育年数、社会経済的地位
② 家族レベル：未婚・既婚、家族構成、世帯人数・構成
③ 組織（学校・職場等）レベル：学校単位・業種・職種、規模、職位
④ 地域レベル：人口（密度）・高齢化率、産業の状況、地域特性

一般的には、これら個人・家族・組織・地域といったレベルにおけるマッチングのいくつかを選んで行います。

たとえば、学習プログラムにおいて個人レベルのマッチングを行う場合、各グループの年齢・性別・教育年数等を均一化することが考えられます。[9] つまり、これらの要因についての似た者同士を介入群と統制群に振り分ける、ということです。また、プログラムや評価の内容によっては、個人の属性上の違いだけでなく、学習意欲やストレスの度合いなど、学習面・心理面等の程度をマッチングの基準とすることも考えられます。いずれにしても、個人レベルでのマッチングはきめ細かな分、均一性が非常に高くなります。その一方で、手続きや経済的な面での困難度も高くなり、現実性も

表1 各マッチングレベルの特徴

マッチングのレベル	均一性	困難度	現実性
個人レベル	高	高	低
家族レベル	↕	↕	↕
組織レベル	↕	↕	↕
地域レベル	低	低	高

薄れてきます（前頁下表参照）。

次に学校単位という組織レベルでのマッチングも考えてみましょう。ある学校を介入群とし別の学校を統制群にする、というマッチング法です。それぞれ共通の特性を持つ学校（例：私立か公立か、学区の特徴等）を両グループにつり合うように割りあてれば、均一性も高くなります。

しかし実際に、学校全体を介入群または統制群に設定することが現実的でない場合には、クラス単位のマッチングも有効な手段となります。たとえば、児童・生徒向けのソーシャルスキル・トレーニングプログラムの評価では、総合学習の時間等にクラス単位で実施されるプログラムを受けるグループ（介入群）と通常の総合学習の授業を受けるグループ（統制群）をつくり、両グループの特性（例：学年やクラスサイズ）をマッチングすることが考えられます。

よりマクロなレベルでは、地域レベルでのマッチングが考えられます。人口、都市部・郊外、高齢化率といった地域特性が似通っている地域を、それぞれ介入群・統制群にします。たとえば、地域福祉における国のモデル事業の実施地域を介入群として選定した場合、その事業の効果を正確に評価するためには、類似した地域を統制群として指定することが必要になってきます。

このように、マッチングはプログラムの効果の因果関係の検討、特に対象となる母集団への一般化可能性（普遍性）を検討する際に大きなメリットとなります。

[8] くわしくは、Rossi, P.H., Freeman, H.E., and Lipsey, M.W. (1999, p.316) *Evaluation : A Systematic Approach* (6th ed.). Sage Publication. を参照。

[9] 一卵性双生児の双子は、個人レベルにおけるマッチングにおいて最もお互いが似通っていると考えられる代表的な例である。

3 ランダマイゼーション

等価で比較可能なグループを作るという作業の困難は、マッチングの苦労を考えてみれば明らかです。そして、仮にそれらすべての点をすべてクリアしたとしても、完全に同じグループを作ることは事実上不可能です。

そうなると、介入群と統制群にいる人が確率的に同じであるようにすることはできないか、ということを考えます。これが**ランダマイゼーション**（randomization）[10]と呼ばれる方法で、因果関係を検証するために非常に有用な手続きとなります。

ランダマイゼーションの基本は、確率的にみて同じグループを作るというものです。そのために、コイン投げの表裏のような確率（偶然）事象によって介入群・統制群のどちらかのグループに割り付ける、といったことを行います[11]。

このような形で割付が行われたとすると、プログラム実施前の段階で両群が等価と仮定できます。そして、プログラム実施後に何らかの違い、つまり介入群にのみプログラムの効果が認められたとすると、プログラム実施と効果との間の因果関係がエビデンスとして示されたことになるのです。

ランダマイゼーションを行うと、4-4でみていく外生要因からの影響を受けない、より正確には、外生要因の影響があったとしてもそれは介入群と統制群の人々に同じように（等確率で）起こってくる、と仮定できるのです。

[10] ランダマイゼーションを行う方法に、ランダム割付（random assignment）がある。ランダム割付が因果関係を検証するために用いられるのに対して（例：内的妥当性の最大化）、ランダム抽出（random sampling）は抽出されたサンプルを母集団と確率的に類似させるために用いられるものである（例：外的妥当性の最大化）。Campbell, D. T. & Stanley, J. C. (1963) Experimental and Quasi-Experimental Designs for Research. Rand McNally.

[11] 複数グループへの割付の場合には、乱数表などが用いられることが多い。

4-4 外生要因

4-2において、単なる事後データによる評価では、プログラム介入効果に関する因果関係を成立させるのは不可能であると述べました。事後の効果だけを見ても、それがどれだけ信憑性があるのか、本当に介入が功を奏したから効果が生まれたのか、など不確かな点が山ほどあります。また、得られた効果のなかから実質的な効果だけを〝引き算〟することはできないことも、手続き上の難しさです。

だからこそプログラムに対して実験を試み、効果が本物かどうかを確かめる必要があるのです。[1] これにより〝偽物〟の効果を生む**外生要因**[2]が排除されなければなりません（下図）。

1　外生要因の種類

プログラムの実質効果の測定の妨げとなる主な外生要因は8つあります。以下では、これらについて詳細にみていきたいと思います。[3]

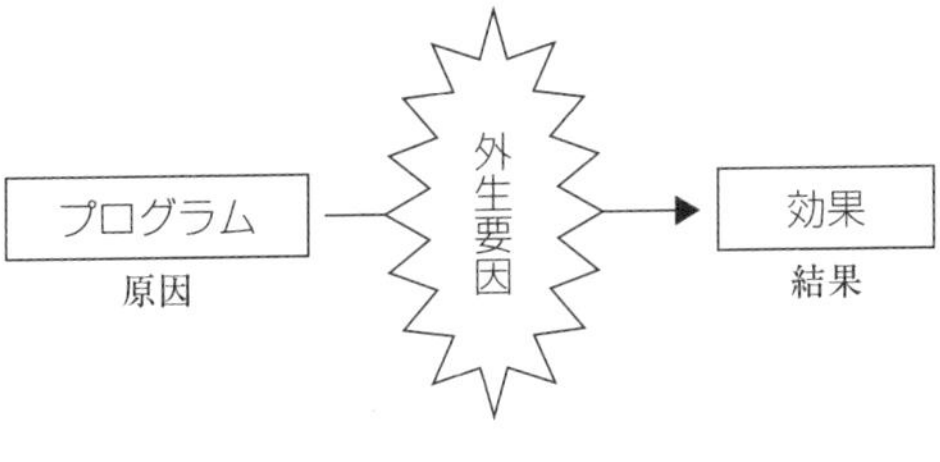

[1] ここでの本物の効果とは、先にみた社会科学アプローチにおける実質効果に相当する。

(1) 履歴（history）

1つ目の外生要因は**履歴**です。履歴とは、プログラムが実施されている間に起こる出来事や状況の変化のことで、その内容は、歴史的な事件から社会経済的状況の変化まで幅広くなります。たとえば、就職支援プログラムの効果を低減させると考えられる履歴に、2008年に起きた「リーマンショック」があげられます。いくらよいプログラムが就職希望者に提供されていても、あのような大きな〝歴史的事件〟が起これば景気は一変します。通常であればプログラム終了後までには就職先が決定しているはずの人々も、それがかなわないことが充分考えられます。

逆に景気が上向けば、プログラムの効果に関わらず、自然と就職しやすくなります。このような肯定的な社会経済的変化も、履歴という外生要因として扱われることになります。

(2) 成熟（maturation）

次に**成熟**とは、プログラム実施中に起こる発達的な変化のことを意味します。ここで言う発達的な変化とは、プログラムの参加者の心や身体の成長、知的能力の向上、社会経験の習得などで、プログラム効果とは関係なく、時間とともに参加者に現れる変化を指します。履歴が外的な状況の変化であったのに対して、この成熟は参加者の内的な変化と捉えることができるでしょう。

[2] 外生要因（extrenous variable）は、内的妥当性の脅威（threats to internal validity）として捉えられることもある。Campbell, D. T., & Stanley, J. C.（1963）*Experimental and Quasi-Experimental Designs for Research.* Rand McNally.

[3] キャンベル（D. T. Campbell）の枠組みでは、外生要因を統制することは、特に内的妥当性（原因と結果の因果関係）を最大化させるために必要とされるものである。それに対し、プログラム評価においては内的妥当性ではなく、得られた効果がどれだけ他の場面設定やコンテクストに一般化できるか、という外的妥当性を最大化させるのが重要としたのがクロンバック（L. J. Cronbach）である。特に、評価者にとって外的妥当性が内的妥当性より重要となるとし、ユニット（unit）、トリートメント（treatment）、オブザベーション（observation）、セッティング（setting）からなる独自の〝UTOSシステム〟を体系化した。Cronbach, L. J.（1982, p.112）*Designing*

一般に、子どもや高齢者を対象としたプログラムは、この成熟による影響を最も受けやすいと言われています。たとえば、子ども向けの学習プログラムでは、介入内容の効果とは別に、知的能力の急速な発達による影響が大きいかもしれません。これは、肯定的な成熟の影響です。

一方で、高齢者の介護予防プログラムでは、プログラムの効果とは関係のない、加齢にともなう身体能力の衰えが否定的な成熟の影響として現れることもあります。もしこの成熟の影響がコントロールされていなければ、プログラムの介入効果自体が存在していたとしても、介入効果なしと判断されることになりかねません。

(3) テスティング (testing)

プログラムの効果の測定指標やテストが不適切であった場合には、それらが外生要因となることもあります。これを**テスティング**による影響と呼びます。特に、プログラム介入の事前と事後両方行う測定において、この影響が顕著に現れてくる場合があります。具体的には、プログラム介入の事前・事後で同じ測定指標やテストが使用されると、参加者が質問内容を覚えていたり、回答に慣れていたりするということです。これを**練習効果** (practice effect) と言います。これがあるとプログラムの介入効果とは関係なく、事後テストの得点が高くなる危険性があり、これは当然プログラムの効果とは関係のないもの、つまり外生要因となります。

evaluations of educational and social programs. Jossey-Bass. 参照。また、教育心理測定の領域では、一般化可能性理論 (generalizability theory) として体系化された。たとえば、一般化可能性理論のプログラム評価への応用が考えられる。安田節之 (2005, 7)「学校現場における予防的介入にけるニーズ・アセスメントの検討」第8回コミュニティ心理学会大会 (於：金沢工業大学)。

(4)　評価道具（instrumentation）

評価道具の影響は、前出のテスティングの影響と同様、アウトカムの測定時に生じる外生要因です。たとえば、プログラムの事前と事後において、測定指標や質問紙あるいはデータ収集の手順に変更があった場合には、正確な評価が行えなくなります。またもし、観察や他者評定のように、他者による測定が行われる場合には、観察者や評定者の評定法の安定性・整合性も評価結果に大きな影響を及ぼすことになります。

　評価を行う時期によっても、正確さに違いが出てくることも考えられます。たとえば、事前テストでは厳格な評定（〝辛め〟の評価）を行っていたのに対して、事後テストの評価の厳格さはそれほどでもなかった場合（〝甘め〟の評価）は、プログラムの効果は過大評価されるでしょう。また逆もしかりで、事前は〝甘め〟で事後は〝辛め〟の評価では、介入効果が過少評価されることになります。

　特に参加者が多数の場合には、評定回数が増えるので、評価者の評定の安定性・整合性（評定者内信頼性）が確保されなければなりません。また、もし複数の評定者を用いる場合には、評定者間の信頼性（評定者間信頼性）も確保されている必要があります。

(5)　統計的回帰（statistical regression）

統計的回帰は、**平均（値）への回帰**（regression to the mean）とも呼ばれ、その名の通り、同一集団に対して複数回の測定を行うと、参加者の回答が平均値に近づいてくる、という現象です。これを直観的に捉えるなら、たとえば、テストで満点（あるいは満点に近い高得点）をとった人が次のテストでも満点（あるいはそれに近い点）を取れるかどうかは疑わしいという感覚どおりの現象と説明できます。むしろ2回目の得点は、1回目よりも下がりそうだ、と考えるのが普通でしょう。

特に、いつもは低いのにたまたま満点を取った人などは、その次のテストではそれより低い点を取る確率が上がります。ここで点数が低くなるということは（満点が平均点でない限り）、テストを受けたすべての人々から算出した平均値に近づくことを意味しています。まさにこの現象が統計的回帰です。

統計的回帰は、極端な点数を取った人ほど次の機会で平均に近づく可能性が高くなります。たとえば、0点を取った人についても起こる可能性が高くなります。0点を取った人が次のテストでも0点を取る確率は非常に低く、2回目のテストの得点はそれより上昇することになると予想されます。つまりこれは、統計的回帰により平均値に近づいていることを意味します。

プログラム評価においては、極端な得点を取った人をプログラムの参加者として恣意的に選んだ場合に、その参加者たちの次の得点がそこまで極端でなくなる、という可能性が高いわけです。つまり、もし事前テストの結果が極端に悪い人をニーズがある人と判断しプログラム介入の対象とした場合、事後テストでは介入効果とは関係ない別の現象として統計的回帰が生じ、本来のプログラム効果以上のものがあったと結論づけられる危険性があります。この場合、プログラムの効果が過大評価されることになります。

(6) 選択バイアス（selection bias）

選択バイアスとは、端的に言うと、プログラムの参加者（あるいは非参加者）を選ぶ際のバイアス（偏り）のことです。プログラムへの動機づけが高かったり、介入内容に興味があったり、自発的に参加してくるような参加者であったりする場合には、プログラムに参加してこない〝非参加者〟との性質の違いが予想されます。

またもし、プログラムへの参加が強制的で、無理矢理参加させられた人々には、望ましい参加態度やモチベーションの高さは必ずしも期待できないでしょう。なかには、途中辞退（ドロップアウト）を選ぶ人たちもいるかもしれません。こうなってくると、期待されるプログラムの効果が得られなくなってしまいます。

選択バイアスは、プログラム効果の結果を左右する参加者の質に関連してくるため、特に統制されなければならない外生要因と言えるでしょう。

(7) モータリティ（mortality）

プログラムの参加者が最初から最後まで、ずっと参加し続けるとは限りません。体調不良や動機づけの低下など様々な理由で参加を取りやめる人々が出て来てもおかしくありません。参加者が途中で抜けてしまった状態でのアウトカム測定は、そうでない場合よりも、結果が大きく異なる危険性があります。

たとえば、動機づけが低い人だけが途中辞退者になったとすると、プログラムに動機づけが高い人たちだけが残った状態でアウトカム測定が行われることになります。当然、本来のプログラムより肯定的な結果が得られることになります[4]。

(8) 選択バイアスと成熟の交互作用

これまで7つの外生要因を別々に説明してきましたが、2つ（以上）の要因が同時に起こったり、交互作用が生じたりする場合も考えられます。その代表的なものが、**選択バイアスと成熟の交互作用**です。

たとえば、プログラムの参加募集に偏りがあり、参加者として選ばれた人々の年齢が極端に低かったり（高かったり）した場合には、成熟の原因となる発達的変化のスピードが異なってきます。介入の効果に単独の外生要因がはたらくとき以上の違いが生まれ、アウトカムに影響が出てくることが考えられます。したがって、それぞれの要因からの影響を別々に考えることの他にも、2つ（以上）の要因の交互作用の可能性が否定できない場合には、その影響を統制しなければなりません[5]。

[4] モータリティは選択バイアスの一要因と捉えることができるが、選択バイアスと違い、無作為配置によって統制はできないことから、分けて考えられている。Shadish, W. R., Cook, T. D., & Campbell, D. T. (2002) *Experimental and Quasi-Experimental Designs for Generalized Causal Inference*. Houghton-Mifflin.

[5] その他にも、選択バイアスと履歴の交互作用（介入群として選ばれた地域の特性や参加者の特有性による偏り）などもある。Campbell, D. T., & Stanley, J. C. (1963) *Experimental and Quasi-Experimental Designs for Research*. Rand McNally.

(9) その他の外生要因

以上に紹介した8つの主要なもの以外にも、以下のような外生要因が存在します。場合によってこれらの要因も合わせて考えていく必要があります。

① **介入内容の拡散**（diffusion of experimental treatment）：
プログラムの実施者・参加者から統制群の実施者・参加者へ介入内容の情報が漏えいし、結果として、統制群にも似たような介入が行われてしまうこと。

② **ジョン・ヘンリー効果**（John Henry effect）：
介入群の参加者への競争心と競争行動からくる統制群の参加者への効果。

③ **統制群の敵意による意欲喪失**（resentful demoralization of the control group）：
統制群の方が介入群よりも劣った介入をされていると感じ、統制群の参加者がプログラムや事後テストへの意欲を喪失しまい、介入群の効果が過大評価されてしまうこと。

4-5 実験・準実験評価デザイン

第4部では、エビデンス（4-1）、因果関係（4-2）、比較とランダマイゼーション（4-3）、外生要因（4-4）という4つのキーワードについてみてきました。本項のキーワードである実験・準実験評価デザインを検討していく前に、これらのキーワードの交通整理をしてみると、次のようになります。

　プログラムの効果にエビデンスを与えるためには、プログラムという原因と効果という結果の間に存在する因果関係を証明する必要があり、そのためには外生要因の影響を極力取り除かなければならない。そこで、プログラムを実施したグループとそうでないグループとの比較が必要となり、そのようなグループを作るための方法としてマッチングやランダマイゼーションという操作がある。

このように整理される因果関係を証明するためにマッチングやランダマイゼーションと組み合わせて用いられる主な実験・準実験評価デザインについて、次で見ていきたいと思います。

1　ランダム化統制群事前事後テストデザイン

プログラムの因果関係を実証する際に理想となるデザインは、**ランダム化統制群事前事後テストデザイン**（randomized pretest-posttest control group design）です。これは**実験デザイン**（experimental design）というカテゴリに分類され、実験結果の妥当性を確保する上では最も完成されたデザインです。ここでは、先に示した８つの外生要因の影響がコントロールされます。[1]

このデザインは、「X」をプログラムによる介入、「O」をテストやアウトカム指標による観測（observeation）、「R」を**無作為配置**（random assignment）とすると、次のように表すことができます。

介入群	R	O	X	O
統制群	R	O		O

ランダム化統制群事前事後テストデザインでは、プログラムによる介入を受けない統制群を設け、介入群と統制群を無作為に割りつける無作為配置が行われています。さらに、介入の事前と事後の2回において（効果）測定が行われているため、プログラムによる利用者の変化・変容を正確に把握できます。

そして、〝プログラムの効果あり〟と判断される場合には、各群（の平均値）は下

[1] Campbell, D. T. & Stanley, J. C. (1963) *Experimental and Quasi-Experimental Designs for Research*. Rand McNally.

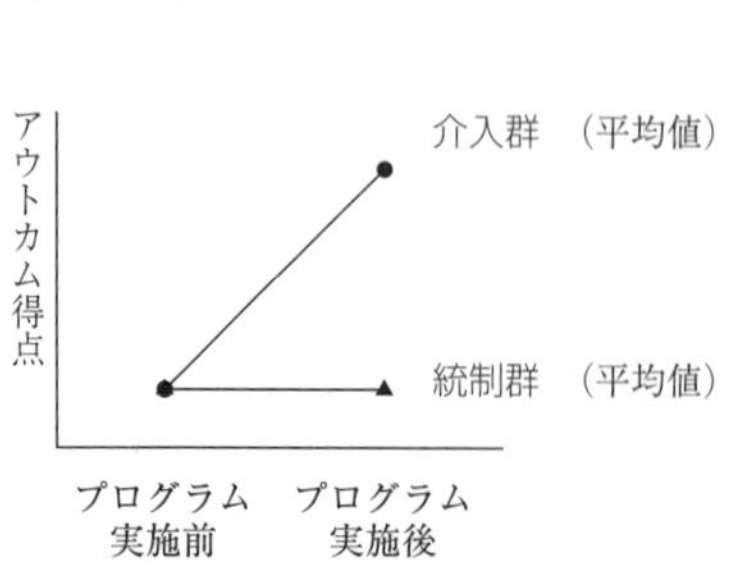

図１　各群の変化の様子（ランダム化統制群事前事後テストデザイン）

図のようになります。

しかし、このような理想の評価デザインをフィールドでの実験に用いるのには、多くの困難がともないます。実際のところ、このランダム化統制群事前事後テストデザインを用いた実験が行われる方がむしろ稀と言ってよいでしょう。

よって、評価者はこのデザインを理想形としつつ、実質的に使用可能なデザインを探っていくとよいと思われます。以下では、ランダム化統制群事前事後テストデザインを理想形としつつ、より現実的なプログラム評価に利用可能な**準実験デザイン**(quasi-experimental design)[2] について見ていきたいと思います。

2　1群事後テストデザイン

まず、統制群が存在せず事後テストのみで効果を測定するデザイン[3]である**1群事後テストデザイン**(one-group posttest-only design)です(次図)[4]。

X	O

ワンショットケーススタディ(one-shot case study)とも呼ばれるこのデザインは、実験心理学においては有用性が極めて低いと考えられています。プログラム評価でも同様で、まず統制(比較)群がないため、プログラム介入が行われなかった場合と比較した介入効果を判断することができません。また事前テストも存在しないため、何をもってして測定のベースラインとするのかが定かではありません。

[2] 実験デザインと準実験デザインの主要な違いは、介入群と統制群のランダム化(無作為配置)が行われているか否かである。

[3] よってこのデザインでは、無作為化も事前テストも行われない。

[4] これは、前出のランダム化統制群事前事後テストデザインで示した図の〝右下〟部分にあたる。

R	O	X	O
R	O		O

1群事後テストデザインの主要な外生要因として考えられるものに、履歴があります。プログラム実施中に、何らかの大きな事件（例：米国で起きた同時多発テロ事件）や経済状況の急激な変化（例：バブル経済の崩壊、リーマンショック）が起きた際に、参加者は間接的あるいは直接的にその影響を受けます。これが外生要因としての履歴の影響です。

また、プログラム実施中に起こる参加者の成熟は真の効果に〝紛れ込む〟可能性があります。1週間から2週間程度の短い研修プログラムなどでは、このような成熟の影響は最小限に抑えることができるでしょう。しかし、プログラムが半年から1年そして2年というように中長期間のスパンで実施される場合、特にそれが成長が著しい子どもや急激な身体的な衰えが予想される高齢者へのプログラムであった場合には、この成熟の影響は無視できないものとなります[5]。

このデザインの主な問題は、統制（比較）群や事前テストによって通常は示されるベースラインがどこにあるかが分からない、という点にありました。しかし、もし明らかにベースラインが仮定できる場合には、それを基準として介入効果の程度が査定できるということになります[6]。

たとえば、学校で通常行われる学期末テストによる評価は、このデザインを採用しています。ここでのベースラインは、授業内容を学んでいない状態、つまり事前テストのスコアがゼロであるという仮定に基づいています。それにより、このゼロをベー

[5] またその他にも、事前テストを実施しないことによる選択バイアスとモータリティが外生要因となることが考えられる。

[6] ただし、あくまで消極的利用であると考えられる。

スとして授業の効果の程度が測定できるのです。このような仮定が成立する他の例として、日常生活では習得が不可能と考えられる数学やコンピュータ・プログラミングなどの高度な知識があります。[7]

3 複数の事後テスト指標による1群事後テストデザイン

1群事後テストデザインは単独での有用性は低いものの、統制（比較）群の設定や事前テストの実施が困難な場合など、やむを得ず利用する際に発展形として考えられるのが、**複数の事後テスト指標による1群事後テストデザイン**です（次図）。

X	O_{1A}	O_{1B}	O_{1C}…

これは、事後テストを1つではなく複数のアウトカム指標を用いて、それらの指標の組み合わせや各指標の高低を総合的に判断するという方法です。これは、プログラムの介入という原因の結果を複数の指標をもってして探し当てる考え方に基づいています。これを比喩的に表現すると、殺人犯探しの方法といえます。[8] 犯人探しは、「犯人」による〝介入〟の結果「死体」という〝効果〟が生じたというシナリオのもと、犯行現場に残された「数々の痕跡」を示す〝複数のアウトカム指標〟（例：凶器、血痕、指紋、足跡）によって、追求されます。つまり、犯人が残した数々の痕跡をもとに、犯人以外の原因（外生要因）を除外し、最終的に真犯人は誰かを突き止めるという流れです。これは、複数のアウトカム指標からのデータをもとに、効果をもたらし

[7] Shadish, W. R., Cook, T. D., & Campbell, D. T. (2002) *Experimental and Quasi-Experimental Designs for Generalized Causal Inference*. Houghton-Mifflin.

[8] Scriven, M. (1976) Maximizing the Power of Causal Investigations: The Modus Operandi Method. In G. Glass (ed.), *Evaluation Studies Review Annual* (101-118). Sage Publication. および Shadish, W. R., Cook, T. D., & Campbell, D. T. (2002) *Experimental and Quasi-Experimental Designs for Generalized Causal Inference*. Houghton-Mifflin. を参照。

た〝真犯人〟はプログラムであったのか否かを探るというロジックに相当します。

4　回顧的事前テストデザイン

1群事後テストデザインのもう1つの発展形として考えられるのが、**回顧的事前テストデザイン**（retrospective pretest design）です。

1群事後テストデザインには、事前テストが存在しないため、ベースラインが特定できないというデメリットがありました。しかし、そもそもベースラインをどのような基準で測定すればよいかが定かでない場合もあります。

たとえば、研修を目的としたプログラムでは、それを受けることによってはじめて、新しい知識やスキルが習得されることになります。よって、研修を受ける前に参加者に事前テストを実施するとしても、そもそものテストで何を問えば良いのか、他方で、回答者（参加者）は問われている内容に対してどのような視点や基準で答えればよいのかを定めきれない可能性が出てきます。つまり、事前テストに回答する際の**照合枠**（frame of reference）が、研修実施前にはまだ存在しない可能性があるということです。そのような状態で事前データを収集したところで、そのデータがベースラインとなり得るのかは疑問です。

そもそも事前テストと事後テストの得点差がプログラム介入による効果を示すためには、回答者が両テストにおいて同一の内的な判断基準、つまり照合枠を有していることが前提条件となります。もし、この条件が成立していない場合には、事前・事後の得点差にはプログラムの効果の他にも、回答者の内的判断基準が変わってしまったことによる影響が含まれることになります。このような回答者の判断基準の変化は、**反応変化バイアス**（response-shift bias）と呼ばれ[9]、プログラムの介入効果を正確に評価する際の障害になってきます。

反応変化バイアスが生じる場合には、事前テストによるベースラインは当てにできないため、それを克服する何らかの工夫が必要となります。その1つとして、参加者の内的判断基準が定まってから、事前テストに代わる何らかの方法を用いて、ベースラインを測定する方法が考えられます。これが、**回顧的事前テストデザイン**（retrospective pretest design）です（次図）。

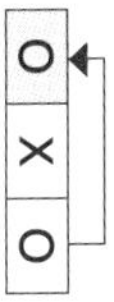

回顧的事前テストデザインでは、プログラムによる介入前に事前テストはあえて行わず、介入後に事後テストに回答してもらうと同時に、〝回顧的〟に介入前に自分の状況を振り返ってもらい回答を求めるというものです[10]。具体的な回答フォーマットは、同一項目に対して、〝現在の状況〟と〝介入前の状況〟をそれぞれ答えてもらう形になります。

[9] Howard, G. (1980) Response-shift bias: A problem in evaluating interventions with pre/post self-reports. *Evaluation Review*, 4, 93-106.

[10] 回顧的事前テストデザインのメリット・デメリットについての報告には次のものがある：Moore, D., & Tananis, C. (2009) Measuring change in a short-term educational program using aretrospective pretest design. *American Journal of Evaluation*, 30, 189-202. Pratt, C. McGuigan, W., & Katzev, R. (2000) Measuring program outcomes: Using retrospective pretest methodology. *American Journal of Evaluation*, 21, 341-349.

5　1群事前事後テストデザイン

次に、事前テストおよび事後テストを実施する**1群事前事後テストデザイン**（one-group pretest-posttest design）[11]についてみてきます。これは、次図のように表されるデザインで、介入の前後2度にわたり測定を行い、**変化得点**（gain score）を算出するものです。

O	X	O

［11］ランダム化統制群事前事後テストデザインの〝右半分〟にあたる。

R	O	X	O
R	O		O

このデザインには事前テストが存在するため、それを事後テストの得点と比較し、プログラムによる介入によって、どれだけ参加者の意識・態度・行動などが変化したかが査定できます。また、介入の〝入口〟と〝出口〟の両方での測定を行っているため、参加者の特徴の違いから生じる選択バイアスの影響および参加者と非参加者（途中辞退者）との違いからくる、モータリティ（ドロップアウト）の影響を統制することができます。

一方で、統制（比較）群が存在しないため、履歴、成熟、テスティング、評価（測定）道具による影響の統制はできないことも事実です。

このように多くの外生要因が統制されない1群事前事後テストデザインではありますが、統制（比較）群の設置が経済上、倫理上の理由で困難であったり、そもそものような群として割りつけられる対象が存在しなかったりする場合には、このデザインの利用価値が出てきます。国レベルで一斉に実施される社会政策、たとえば介護保険制度などが、このデザインが有用となる例です。また、このようなプログラムは、全体をカバーするという意味から、**フルカバリッジ・プログラム**と呼ばれることもあります。[12]

[12] Rossi, P. H., Freeman, H. E., and Lipsey, M. W. (1999) *Evaluation : A Systematic Approach* (6th ed.). Sage Publication.

6　複数回の事前テストによる1群事前事後テストデザイン

フルカバリッジ・プログラムを事前事後テストデザインで評価する際には、事前テストを複数回にわたり実施し、より安定性のある正確なベースラインを設定することが考えられます。これが**複数回の事前テストによる1群事前事後テストデザイン**で、次図は計3回の事前テストによりベースラインを測定する場合を表しています。

O_1	O_2	O_3	X	O_4

ここでは、介入が実施されたO_3とO_4の間の変化が、それ以前のO_1とO_2およびO_2とO_3の変化と比較してより大きな場合、プログラムの効果が示されることになります。[13]

[13] 複数指標による1群事前事後テストデザインもある。

7　中断時系列解析デザイン

事前テストで複数のベースラインを測定するのであれば、事後テストも複数回実施し、正確かつ安定した測定値で比較を行うこともできます。たとえば、介入前のベースラインとして5回測定を行った後、プログラム介入が実施され、事後テストとして計5回の測定を行った場合には、次のように表すことができます。

O_1	O_2	O_3	O_4	O_5	X	O_6	O_7	O_8	O_9	O_{10}

ここでは事前・事後あわせて計10回の測定が行われますが、これは見方を変えれば、10のデータポイントによる時系列データの途中（中間）に、一時中断した形で、プログラムによる介入が実施されたとも考えられます。これが、**中断時系列解析デザイン**（interrupted time series design）と呼ばれるものです。

たとえば、介入前のベースラインとして計8回の測定を行った結果、それぞれの測定値が11.0（O_1）、8.0（O_2）、11.0（O_3）、8.5（O_4）、10.5（O_5）、8.0（O_6）、11.0（O_7）、8.5（O_8）で、介入後の計8回の測定値が16.0（O_9）、13.0（O_{10}）、16.0（O_{11}）、13.5（O_{12}）、16.5（O_{13}）、13.0（O_{14}）、17.0（O_{15}）、14.0（O_{16}）であったとすると、時系列変化は図2のグラフのようになります。ここで、介入後の測定値は、介入前のベースラインに比べてコンスタントに高いため、切片（intercept）の変化が起こっていることが分かります。

一方で、介入後の測定値が11.0（O_9）、9.0（O_{10}）、14.0（O_{11}）、12.5（O_{12}）、17.0（O_{13}）、15.0（O_{14}）、20.0（O_{15}）18.5（O_{16}）と徐々に変化した場合（傾きの変化）には、図3のように示されます。

特に、統制・比較群が存在しない、あるいは設定できないフルカバリッジ・プログラムの効果の査定に用いられるデザインであるため、履歴、評価（測定）道具、統計的回帰、選択バイアスなどが統制できないことが知られています。[14]

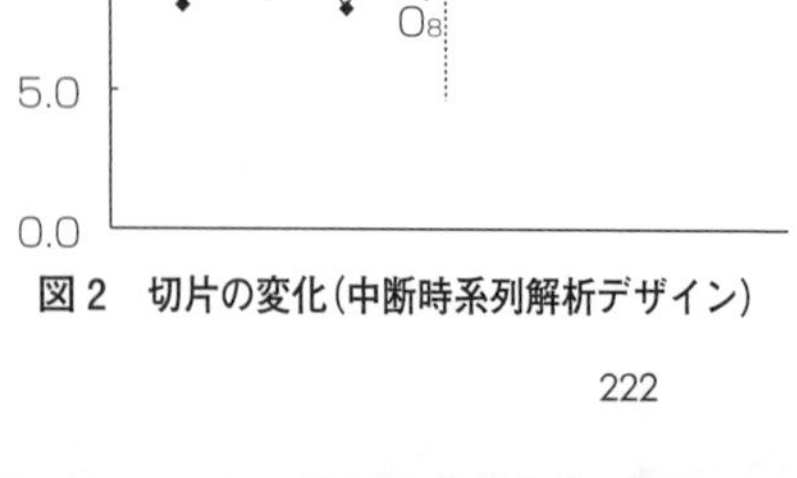

図2　切片の変化（中断時系列解析デザイン）

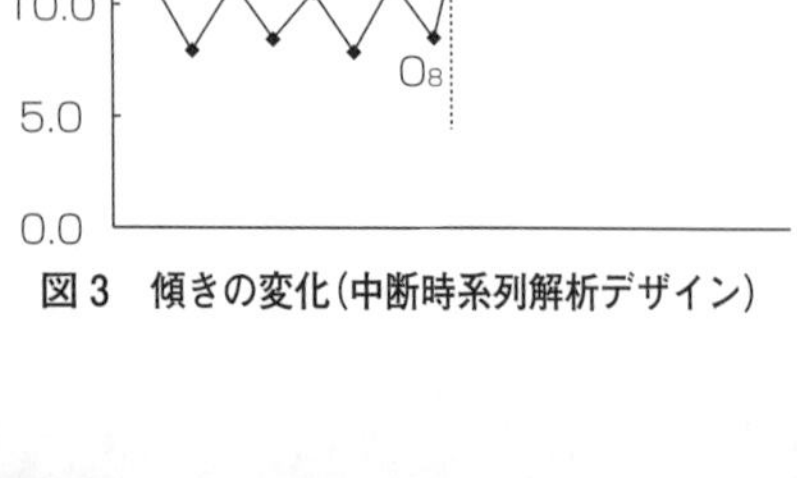

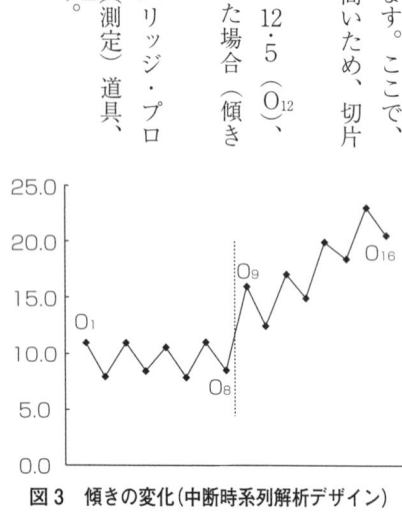

図3　傾きの変化（中断時系列解析デザイン）

8　不等価統制群事後テストデザイン

これまで検討してきたデザインには、統制群が存在していませんでした。そのため、履歴、テスティング、評価（測定）道具、統計的回帰といった外生要因の影響の統制が行えませんでした。**不等価統制群事後テストデザイン**（posttest-only design with nonequivalent groups）では、統制群が存在するため、以上にあげた外生要因のコントロールが可能になります[15]（次図）。

X	O
	O

このデザインでは、参加者が無作為配置によって介入群か統制群に割りつけられた訳ではなく、すでにまとまりとして存在している参加者の人々（特に、プログラムによる介入のニーズや緊急性がある人々）を介入群とし別の参加者の人々を統制群とします。このことから、**既存比較デザイン**（static-group comparison design）とも呼ばれています。

このデザインの有用性は、両群が介入前の段階でどの程度比較可能なのかによって大きく左右されます。もし、2つが別々の属性やグループ特性を持っている、つまり両群が異なる母集団に属する人々であるとすると、そもそも両者を事後テストの結果で比較することは妥当ではありません。しかしそうであってもマッチングにより両群を均一なものに設定しなおすことはできます。比較（4-3）のところですでに述べ

[14] Shadish, W. R., Cook, T. D., & Campbell, D. T. (2002) *Experimental and Quasi-Experimental Designs for Generalized Causal Inference.* Houghton-Mifflin.

[15] 一方で、事前テストが存在しないため、選択バイアスとモータリティはコントロール出来ない。

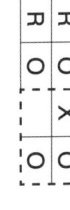

R	O	X	O
R	O		O

たように、きめ細かな基準（例：個人レベルの属性）によるマッチングであるほど、困難度が高く現実性は低いものの、両群の均一性がより保たれ、介入群との比較が有用となります。

9　不等価統制群事前事後テストデザイン

不等価統制群事前事後テストデザイン（nonequivalent control group design）は準実験デザインの基本形のなかで最も完成されたもので、多くのプログラム評価に用いられます[16]（次図）。

O	X	O
O		O

このデザインでは、ランダム化こそなされていないものの事前テストおよび比較群が存在するため、履歴、成熟、テスティング、評価（測定）道具、選択バイアス、モータリティといった多くの外生要因のコントロールが可能となります。またこのデザインは、前出の不等価統制群事後テストデザインと同様に、介入群と統制群の参加者の特性がどれだけ均一かが有用性の鍵を握っていると言えます。

一方、選択バイアスと成熟の交互作用等は、ランダム化（無作為配置）によってのみコントロールが可能であるので、このデザインではコントロールできません。

[16] たとえば、健全な青少年の発達（positive youth development）を促進することを目的としたプログラムの評価などがある。Caplan, M., Weisberg, R., Grober, J., Sivo, P., Grady, K., & Jacoby, C. (1992) Social competence promotion with inner-city and suburban young adolescents: Effects on social adjustment and alcohol use. *Journal of Consulting and Clinical Psychology*, 60, 56-63. 参照。

10　交代介入による不等価統制群事前事後テストデザイン

プログラム介入は、利用者に何らかの効果をもたらす、つまり介入群にいる人々は何らかのメリットを得ることになります。しかし一方で、統制群にいる人々はそのようなメリットを得ることができないとなると、不公平が生じることになります。その他にも、倫理上の問題を引き起こしかねません。よって、統制群にも何らかの形での介入を行うこともありえます[17]。

交代介入による不等価統制群事前事後テストデザインでは、次図のようにプログラム介入の時期を両群ずらして交代制にして、2つのグループが介入群と統制群の両方を経験するようにデザインを組みます。

O_1	X	O_2		O_3
O_1		O_2	X	O_3

特に、最初に統制群になる参加者がカウンセリングのウェイティングリストから選ばれることが多いため、このデザインを**ウェイティングリスト・コントロールデザイン**（waiting list control design）、この統制群をウェイティングリスト・コントロール群と呼ぶことがあります。もしプログラムの介入に効果が現れていたとすると、効果の時間ごとの変化は図4のようになります。

ここでは、O_2における両群のアウトカム得点を比較することができるため、履歴がコントロールできます。また、ウェイティングリスト・コントロール群のO_3とO_2のア

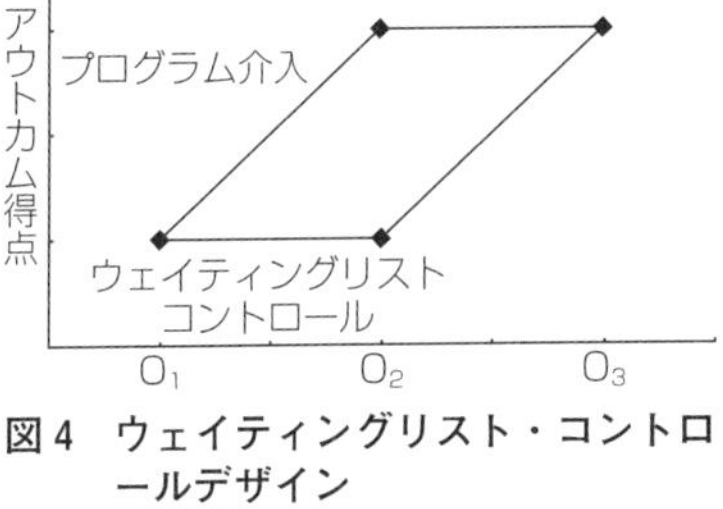

図4　ウェイティングリスト・コントロールデザイン

[17] 純粋な実験であれば、プラセボ（placebo）として何らかの措置をとることができる。

[18] その他にも、1群事後テストデザインと1群事前事後テストデザインの組み合わせによる効果的なデザイン法についても考えられる。Chen, H. T.（1990, p.147）*Theory-Driven Evaluations*. Sage Publication.

ウトカム得点の差と、O_2における両群のアウトカム得点の差とが同じであれば、評価道具とモータリティによる影響もコントロールできたことになります[18]。

このデザインは倫理上の配慮が行うことができ、さらにプログラムの効果（およびその持続性）を複数回査定することもできます。そのため、**反復性**（replication）の検証が可能な数少ないデザインの1つとなっています。

11　不等価統制群による中断時系列解析デザイン

前出の中断時系列解析デザインは、フルカバリッジ・プログラムを評価する際に用いられるものでしたが、たとえば、自治体や地区ごとといった単位（ユニット）でプログラムが実施される際[19]は、応用して地域特性などが類似した他の場所を統制群として扱うことができるでしょう。このようなデザインを**不等価統制群による中断時系列解析デザイン**と呼びます（次図）。

O_1	O_2	O_3	O_4	O_5	X	O_6	O_7	O_8	O_9	O_{10}
O_1	O_2	O_3	O_4	O_5		O_6	O_7	O_8	O_9	O_{10}

このデザインを用いると、介入群となる自治体や地区における介入前のベースラインだけでなく、介入後の比較を目的としたベースライン（統制群）の測定も行われます。図5（右）は介入後に徐々に効果が現れる場合（傾きの変化）で、図5（左）は、ある一定の効果が介入直後に現れ、継続的にその効果が維持される場合（切片の

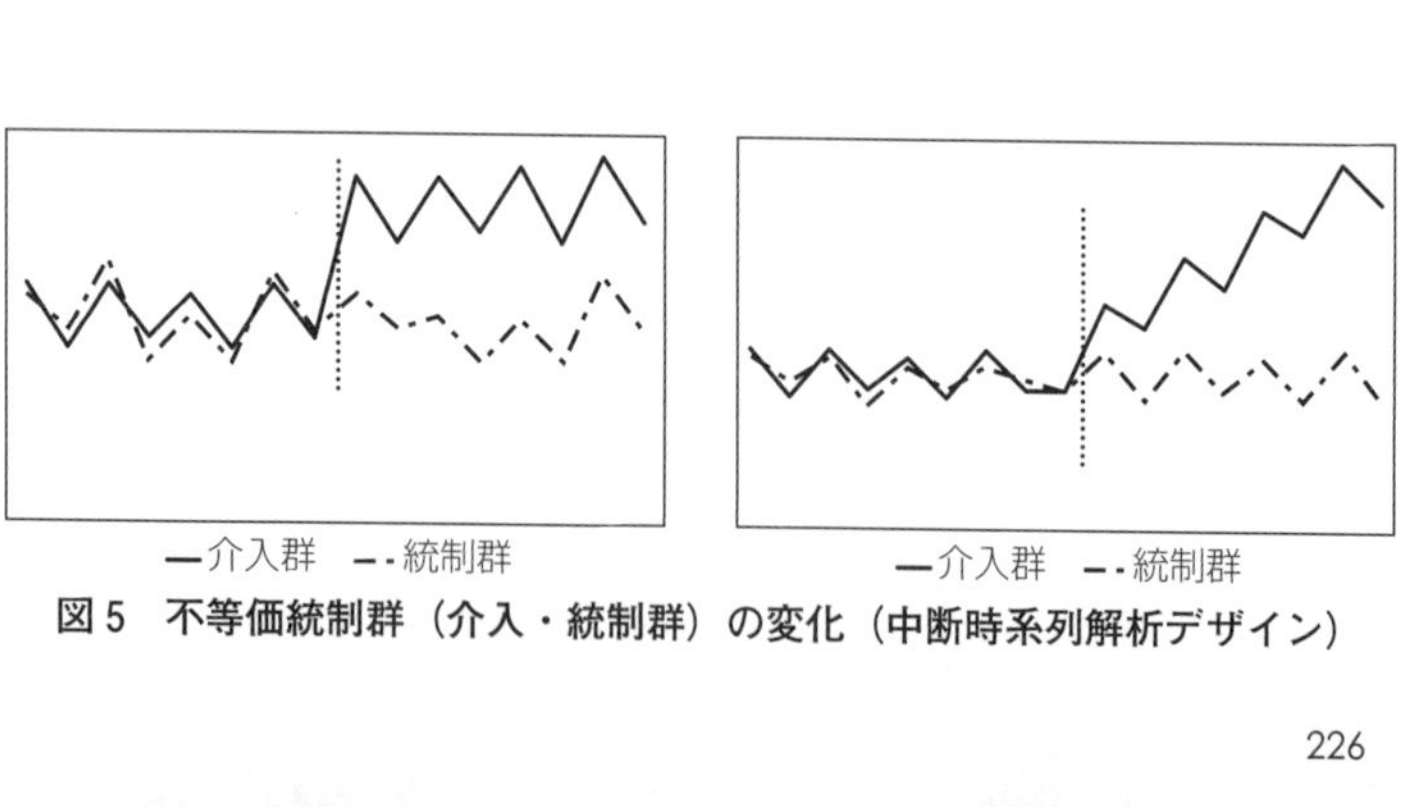

図5　不等価統制群（介入・統制群）の変化（中断時系列解析デザイン）

変化）です。

12　回帰不連続デザイン

プログラム介入を行う前に、利用者が抱えている問題の状況や症状をあらかじめスクリーニングテスト等で査定した上で、プログラムの必要性を見極め、実際に介入を行うか否かを判断することが往々にしてあります。その際には、スクリーニング尺度の得点の高低によって、介入をするか、つまり介入群に配置するか、またはそのまま様子をみるか、つまり統制群に配置するか、を判断します。このような場合の評価デザインとして考えられるのが、**回帰不連続デザイン**（regression discontinuity design）です。このデザインの特徴は、プログラムの効果が事後テストの測定値とスクリーニング尺度の測定値との関係性を示す回帰直線の不連続性として示される所にあります。

O_A	C	X	O_2
O_A	C		O_2

ここでは、スクリーニング尺度の基準値やカットスコア（O_A）をもとにして[20]介入群か統制群のコンディション（C）が決定され、それぞれに配置されます。そしてプログラムの効果があった場合には、〝連続〟であるはずの回帰直線が、図6のように〝不連続〟になります。ここでは、参加者を各群に分けるための基準であったカット

[19] フルカバリッジ・プログラムに対して、すべての地域ではなく地域を限定して実施されるのがパーシャルカバリッジ・プログラムと言う。Rossi, P. H., Freeman, H. E., and Lipsey, M. W.（1999）*Evaluation : A Systematic Approach* (6th ed.) Sage Publication.

[20] これらの値が規範ニーズとして設定されることもある。安田節之・渡辺直登（2008）『プログラム評価研究の方法』新曜社を参照。

スコアの値を境にして、事後テストの測定値（O_2）の不連続分がプログラムの効果を示すことになります。

以上、主要な実験・準実験評価デザインについてみてきました。

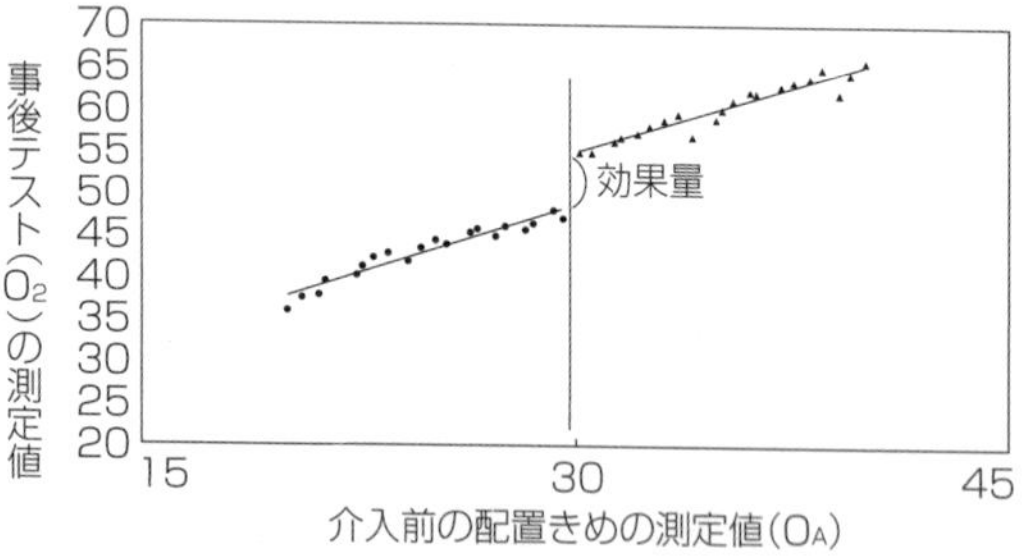

図6　回帰不連続デザイン

第５部

評価実践の報告とスタンダード

5-1 評価報告書

評価を実施した後には、その結果を何らかの形でレポートする必要があります。その際に作成するのが**テクニカルレポート**（技術報告書）と呼ばれる報告書です。テクニカルレポートは、主に、ステークホルダーに対して評価結果を伝える目的で作成されます。

1 テクニカルレポート

テクニカルレポートは、実験や調査の結果の公表を目的とした学術論文とは目的や形式が異なります。レポートを作成する際にまず念頭に置くのが〝誰に報告するのか〟つまり〝誰がそれを読むのか〟ということです。それによって、報告内容や書き方が違ってきます。

特に、読み手が多くのプログラムやプロジェクト等を総括する（よって多くのレポートに目を通す）立場にある人であった場合には、〝分厚い〟テクニカルレポートに目を通している暇などありません。よって、**エグゼクティブレポート**（executive report）と呼ばれる、プログラムの運営者（マネジャー）、予算等の執行部などの管理職（エグゼクティブ）のための評価結果が作成されます。エグゼクティブレポートは、プログラムの主要な結果や効果を箇条書きなどにして、簡潔に要点のみを報告したもので、テクニカルレポートの冒頭に置くか別にして渡されます。

テクニカルレポートは、学術論文と違い、データをもとに事実関係を論理的に示すことに焦点をあてるのではなく、創造性豊かに、時に斬新な発想も取り入れながら、執筆するとよいとされています[1]。その際、以下の具体的な点に留意すべきでしょう[2]。

① 読み手がどのような情報を欲しているかを考える。同じ評価クエスチョンであっても、読み手が違えば、必要とされる情報も異なってくる。

② 評価結果をどのような意思決定に役立てるかを考える。特に、レポートの最後の部分に意思決定に向けての勧告（recommendation）を提示する。

③ 評価結果に関する重要な点から報告する。〝読み手はすべてに目を通している時間など無い〟ということを前提にし、手みじかに有益な情報を提供することを心がける。

④ 必要以上の専門用語は使用せず、読みにくい文章を書かない。必要な情報にはフォント調整やアンダーラインを加えてインパクトを与えるようにする。

[1] National Science Foundation. (1993) User-Friendly Handbook for Project Evaluation: Science, Mathematics, Engineering, and Technical Education. *NSF* 93-152. Washington, DC: NSF. 参照。２００２年版は http://www.nsf.gov/pubs/2002/nsf02057/nsf02057.pdf を参照。

[2] W. K. Kellogg Foundation (1998, p.98) *W. K. Kellogg Foundation Evaluation Handbook: Philosophy and Expectations.* Author. 参照。

2 アウトライン

テクニカルレポートには特に決まった形式は存在せず、読み手に評価結果が報告できさえすれば、自由度があると言ってよいでしょう。[3] 参考までに、テクニカルレポートのアウトラインをまとめたのが次頁の表です。

ここでは、評価結果をまとめたものをまずエグゼクティブレポートとしてまとめ、その後プログラムの概要を説明する流れをとっています。なかでも、プログラムの実施主体と歴史的背景とともに、〝なぜプログラムが必要なのか〟というプログラムが解決しようとする問題やニーズが提示されています。

これらの情報をもとに、プログラムの目指す方向性（活動方針・ゴール・目標）とメカニズム（インパクト理論・ロジックモデル）を記述あるいは図示する形式をとっています。そして、運営にかかわるステークホルダーやスタッフ、プログラムやサービスの利用者の属性等もあわせて記録しています。

そして本題となるプログラム評価の方法（論）について触れます。ここでは特に、評価の目的や評価クエスチョンを明示したのちに、それらを明らかにするための評価の形式やデザイン、データ収集や分析方法が記述されます。

評価結果については、まず主な結果の要約を行い、その後評価クエスチョンに沿った形での結果報告を行う形をとっています。主要な評価クエスチョンと、それに付随するサブクエスチョンという形で、より詳細な報告を行うことも考えられます。さら

[3] 評価結果報告のための指定形式やテンプレートが存在する場合は別である。

表1　テクニカルレポートのアウトライン例

1．表紙
2．目次
3．エグゼクティブレポート
4．プログラムの概要
　4－1　プログラムの実施主体や歴史的背景
　4－2　プログラムが対処する問題やプログラムのニーズ
　4－3　プログラム活動の概要
　　4－3－1　プログラムの活動方針・ゴール・目標
　　4－3－2　計画された活動や期間
　　4－3－3　インパクト理論
　　4－3－4　ロジックモデル
　　4－3－5　実際に実施された活動や期間
　4－4　プログラム実施の背景
　　4－4－1　ステークホルダー
　　4－4－2　実施のコンテクスト
　　4－4－3　地域コミュニティや関連機関との連携
　4－5　プログラムのスタッフ
　　4－5－1　運営システムおよび運営スタッフ
　　4－5－2　プログラム実践やサービス提供のためのスタッフ
　4－6　プログラムへの参加者
　　4－6－1　参加者の数および属性
　　4－6－2　リクルートの方法
　　4－6－3　参加期間や中途不参加（ドロップアウト）の状況
5．プログラム評価の概要
　5－1　評価の実施背景
　5－2　評価の目的
　5－3　評価クエスチョン
6．評価の方法と実施プロセス
　6－1　評価形式
　6－2　評価デザイン
　6－3　データ収集の方法とデータの種類
　6－4　分析モデルやデータ
7．評価結果
　7－1　データの要約と主要結果の報告
　7－2　評価クエスチョンに基づいた結果報告と解釈
　7－3　考察
　7－4　当該評価の限界点
8．アクションプラン
　8－1　意思決定へ向けての勧告
　8－2　評価結果を受けての今後の展開
9．参考文献
アペンディックス
　A　プログラム実施に関する関連資料（例：チラシ等）
　B　関連データの集計表等
　C　評価指標
　D　解析モデルの詳細情報

に、評価結果を受けての勧告（recommendation）をアクションプランとして提示すると、プログラムに関する何らかの決定の参考資料としてさらに有用なものとなります。

　最後に、スペースや報告内容によって本文中には含められなかった情報（例：評価指標や調査項目等）やデータ（例：集計表）などを巻末に、アペンディックス（appendix）として添えます。

5－2 評価スタンダード

評価が通常の実験や調査と異なるのは、評価結果には価値が関係するという点でした。プログラムの価値を判断するには、データを収集・分析した後、そのプログラムが良かったのか、悪かったのか、あるいは提供されたサービスには正当性、公平性、公正性が伴っていたのか、といったことに関する判断が必要です。

プログラムの価値判断には、程度の差こそあれ、評価者の主観や価値観が反映されると考えられます。よって、評価者によって結果の判断に偏りが出てこないとも限りません。ある評価者が低く評価したプログラムでも、別の評価者が評価をすれば、とても効果的なプログラムと結論づけられることもあり得るということです。

このようなことが起こらないように、評価に関するスタンダード（基準）やガイドラインが必要となってきます。スタンダードやガイドラインは、評価を有意義かつ効率的に実施するのに役立つのはもとより、評価結果の影響を受けるプログラム運営側や利用者側への倫理的な配慮という観点からも、欠かせないものです。

適切な評価基準を設定することは、評価活動の質を確保するための第一歩と言えるでしょう。妥当で信憑性が高い評価結果を提供するための評価基準を設定するにあたっては、〝そもそも評価を実施すべきか否か〟という点に始まり、〝何を評価の焦点とするか〟〝どうやって評価をデザインするか〟〝どのような種類のデータを収集し分析するのが適切か〟〝評価の予算や人材マネジメントや評価結果の報告はどのようにすれば有意義なものになるのか〟という点に至るまで、評価活動の全行程を網羅する必要があります。

多岐にわたる評価活動の課題を整理し、体系的な評価基準を提示したのが、アメリカ評価学会（American Evaluation Association）をはじめ、アメリカ心理学会（American Psychological Association）やアメリカ教育学会（American Educational Research Association）など計16団体によって発表された**プログラム評価スタンダーズ**（The Program Evaluation Standards）[1]です。以下では、このスタンダーズが推奨する、実用性、実現可能性、正当性、正確性という4つの基準についてみていきたいと思います。

1　実用性の基準

まず、評価が実用的なものか否かを問う基準が、**実用性の基準**（utility standards）です。これは、評価が評価者の独りよがりな研究のために行われるのではなく、実用的であることを重視する視点です。実用的であるということは、少なくとも、評価結

[1] Joint Committee on Standards for Educational Evaluation (1994) *The Program Evaluation Standards*. Thousand Oaks, CA : Sage Publications.

果のユーザーであるステークホルダーのニーズにマッチしているということが大切でしょう。

通常の評価後には、得られた評価結果をもとに、プログラムに関する何らかの意思決定やアクションが行われます。よって、評価結果に意思決定の判断材料となる情報、アクションを後押しするエビデンスといったものが含まれていなければ、実用性の基準が満たされたとは言えません。実用性の基準を満たすためのより具体的（そして限定的）な検討事項としては、たとえば、ステークホルダーの視点が評価クエスチョンに反映されているか、そのクエスチョンに答えるために適切なデザインが用いられているか、結果がしっかりとテクニカルレポート等で報告されているか、などが考えられます。

もう一点、実用性の基準で大切なものがあります。それは、本書でこれまで強調してきた、プログラムやサービスの価値についての問題が適切に扱われているかを問う視点です。価値の定義・測定は一筋縄にはいかないことがほとんどですが、利用者のニーズの有無やプログラムのゴールや目標の内容などを参考にし、プログラムが利用者にどのような付加価値を提供できたのか、プログラムがどのような社会的価値を有しているのか、という点を査定・報告することが評価の実用性を考慮する上で重要と言えます。

2 実現可能性の基準

次は、評価が実施できるかどうかの**実現可能性の基準**（feasibility standards）です[2]。評価可能性アセスメントでは、主に、プログラムの構造・機能上の問題点（例：プログラムが利用者に行き届いているか）や評価実施上の問題点（例：データが入手可能か）に重きがおかれました。実現可能性の基準では、その他にも、評価コストや評価体制面（人材・時間・専門性）といった運営上の可能性についての検討も含まれます。

プログラム評価は、多くの場合、決して安くつきません。さらに、実験的アプローチに基づく評価には、実験調査法や測定法に関する専門的な知識やスキルが要求されることも事実です。このような様々な資源や専門性が確保できなければ評価は実現しません。またもし仮にそれらが確保されない状況で評価を行ったとすると、信憑性に欠ける評価結果しか得られないでしょう。よって実現可能性を判断する上では、評価が必要か必要でないかだけでなく、評価を実施する際に必要となる資源や技術（およびその支援）が存在するのか、ということが包括的に吟味されるべきなのです。

3 正当性の基準

正当性の基準（propriety standards）は、主に、評価の手続き上に関する基準です。心理実験に参加者がいるように、評価には利用者（受益者）がいます。これらの

[2] 実現可能性を構成する基準は次の3つである：実用的な手順（practical procedure）、政治的な実現可能性（political viability）、費用対効果（cost effectiveness）。Joint Committee on Standards for Educational Evaluation (1994, p.63) *The Program Evaluation Standards.* Thousand Oaks, CA : Sage Publications.

人々の権利は、いかなる場合においても保護されるべきです。そのためには、インフォームド・コンセントを始めとする倫理面の配慮が不可欠です。特に、ヒトを対象とした研究における倫理審査を受け、適切なプロセスで評価が行われることが、正当性の基準を満たすためにまず必要であることは言うまでもありません。心理実験における〝do no harm〟（参加者を傷つけないことをする）という原則は、評価実施においても当てはまります。そのためには、評価中心ではなく、プログラムやサービスの利益や権利を第一に考える姿勢が大切となるでしょう。

少々比喩的になりますが、プログラム実施とその評価は、〝馬車〟の関係に例えることができます。馬にあたる部分がプログラムやサービスのマネジメントの部分で、荷車が評価活動という具合です。

通常の馬車は、〝馬〟が前を走り〝荷車〟が後からついていくことになります（下図）。しかし、もし馬と荷車が逆だった場合はどうでしょうか。〝Putting the cart in front of the horse〟には〝本末転倒〟という意味がありますが、まさにこれは、荷車が逆に馬を引っ張っている状況のことを指しています。

もしこれがプログラム評価の実施文脈で起こるとすると、利用者に必要とされるプログラムやサービスのマネジメント（「馬」）がまずありきではなくなってしまいます。つまりこのような場合、評価活動（「荷車」）が先行するがゆえに、評価がプログラムのあるべき姿や本来進むべき道を阻むことになりかねません。極端な場合

図1　マネジメントと評価のたとえ

には、研究活動としての評価の押し売りにつながってしまいます。

プログラムやサービス重視でなくなってしまう評価は、プログラムの効果や利用者への倫理的配慮という点からしても、適切とは言えないことは明らかです。よって、このような評価に正当性はないということになります。

4　正確性の基準

最後に、**正確性の基準**（accuracy standards）とは、評価がどの程度正確に実施されたかを示す基準です。

正確性と聞くと、評価結果を算出するための定量的分析の正確性、つまり信頼性と妥当性に関する基準と考えられがちです。確かに正確性の基準では、定量的・定性的なデータが体系的かつ適切に分析され、信頼性と妥当性が示されているかを確認することも重要と言えます。

しかし、プログラムやサービスは目に見えず、その〝生産過程〟は可視化されていないことがほとんどです。そのため、プログラムの生産プロセスや管理システムを、料理法を示すレシピのように、明確にする必要が出てきます。プログラム評価における正確性の基準では、アウトカム測定の際の信頼性や妥当性の検討の他にも、介入内容である〝プログラム〟に関する情報の提示が必要となるという訳です。

以上、合計4つの評価スタンダードについてみてきました。これらは、本書でプログラム評価について論じてきた点を総括するものと考えられます。つまり、このようなスタンダードをクリアできる評価が、理想のプログラム評価と言えます。

ただ、現在さまざまなフィールドで実施されている評価のすべてがこの理想に到達しているかと言うとそうではないでしょう。また、ヒューマンサービスの各実践領域においてプログラム評価の可能性が模索されている現時点において、そのようなことを期待すること自体無理があります。しかしながら、理想の評価実践に向けて一歩一歩進んでいくことが、評価の質の向上につながると言えるでしょう。そしてそれこそが最終ゴールである、ニーズを抱えた利用者への質の高いサービス提供、つまり質の高い対人・コミュニティ援助へとつながると言えるのではないでしょうか。

人名索引

事項索引

■さ

■た

■な

■は

■ま

■や

■ら

■わ

文献案内

1．評価

プログラム評価の内容および発展背景を理解する上で重要となる「評価（evaluation）」について書かれたスタンダードなものとして，社会科学の方法論に焦点をあてた書籍（①～②），実用性を重視した方法論に基づく書籍（③），プログラムの理論を中心に評価を捉えた書籍（④），日本語の専門書（⑤～⑧）があります：

① Rossi, P. H., Freeman, H. E., & Lipsey, M. W.（2004）*Evaluation : A Systematic Approach*（7th ed.）. Sage.［大島巌，森俊夫，平岡公一，元永拓郎［監訳］（2007）『プログラム評価の理論と方法：システマティックな対人サービス・政策評価の実践ガイド』日本評論社］

② Weiss, C. H.（1998）*Evaluation : Methods for studying programs and policies*（2nd ed.）. Prentice Hall.

③ Patton, M. Q.（2008）*Utilization-focused evaluation*（4th ed.）. Sage.

④ Chen, H. T.（1990）*Theory-driven evaluations.* Sage.

⑤ 三好皓一［編著］（2008）『評価論を学ぶ人のために』世界思想社

⑥ 山谷清志（1997）『政策評価の理論とその展開：政府のアカウンタビリティ』晃洋書房

⑦ 龍慶昭・佐々木亮（2004）『「政策評価」の理論と技法（増補改訂版）』多賀出版

⑧ 佐々木亮（2010）『評価論理：評価学の基礎』多賀出版

2．プログラムのプランニングとマネジメント

小規模・中規模のプログラムを計画・実践・マネジメントする際に参考になる書籍（①～③）および次段階の評価につなげていく際に有用なアプローチについて書かれた書籍（④）：

① Kettner, P. M., Moroney, R. M., & Martin, L. L.（2007）*Designing and managing programs : An effectiveness-based approach*（3rd ed.）. Sage.

② Martin, L. L., & Kettner, P. M.（2010）*Measuring the performance of human service programs*（2nd ed.）. Sage.

③ Brody, R.（2005）*Effectively managing human service organizations*（3rd ed.）. Sage.

④ Chen, H. T.（2005）*Practical program evaluation : Assessing and improving planning, implementation, and effectiveness.* Sage.

3．プログラム評価のモデルと方法論

プログラム評価のモデルを提示した書籍（①），成立背景や理論的背景について書かれた書籍（②～③），方法論に関する書籍（④～⑤）：

① Stufflebeam, D. L., & Shinkfield A. J. (2007) *Evaluation theory, models, and applications.* Jossey-Bass.

② Shadish, W. R., Cook, T. D., & Leviton, L. C. (1991) *Foundations of program evaluation : theories of practice.* Sage.

③ Alkin, M. C. [ed.]. (2004) *Evaluation roots : Tracing theorists' views and influences.* Sage.

④ Wholey, J. S., Hatry, H. P., & Newcomer, K. E. [eds.] (2004) *Handbook of practical program evaluation* (2nd ed.). Jossey-Bass.

⑤ 安田節之・渡辺直登（2008）『プログラム評価研究の方法』新曜社

4．コミュニティ心理学におけるプログラムの実践と評価

心理学諸領域でプログラムの実践と評価が多く行われているコミュニティ心理学に関する書籍（①～②）およびその理論と実践の背景に関する書籍（③～⑤）：

① 日本コミュニティ心理学会［編］（2007）『コミュニティ心理学ハンドブック』東京大学出版会

② 植村勝彦・高畠克子・箕口雅博・原裕視・久田満［編著］（2006）『よくわかるコミュニティ心理学』ミネルヴァ書房

③ 箕口雅博［編著］（2007）『臨床心理地域援助特論』放送大学教育振興会

④ 山本和郎・箕口雅博・原裕視・久田満［編著］（1995）『臨床・コミュニティ心理学：臨床心理学的地域援助の基礎知識』ミネルヴァ書房

⑤ 山本和郎（1986）『コミュニティ心理学：地域臨床の理論と実践』東京大学出版会

著者紹介

安田節之（やすだ　ともゆき）

1973年　東京都生まれ
1996年　中央大学卒業
2000年　University of Missouri-Kansas City 大学院修士課程修了
2005年　Pennsylvania State University 大学院博士課程修了，博士（Ph. D.，教育心理学）
2005年～2006年　厚生労働科学研究リサーチレジデント
2006年～2009年　早稲田大学人間科学学術院助手
2009年～2013年　西武文理大学サービス経営学部　専任講師
2013年～2015年　同 准教授
2015年～2019年　法政大学キャリアデザイン学部　准教授
2019年～現在　同 教授

専門は，教育機関や地域で実施されるプログラムやサービスの評価研究，コミュニティ心理学の理論および実践研究，心理・教育測定。共著書に『プログラム評価研究の方法』（新曜社，2008）がある。

ワードマップ
プログラム評価
対人・コミュニティ援助の質を高めるために

初版第１刷発行　2011年５月23日
初版第３刷発行　2020年12月23日

著　者　安田　節之
発行者　塩浦　暲
発行所　株式会社 新曜社
〒101-0051 東京都千代田区神田神保町 3-9
電話（03）3264-4973・Fax（03）3239-2958
E-mail: info@shin-yo-sha.co.jp
http://www.shin-yo-sha.co.jp/
印刷所　星野精版印刷
製本所　積信堂

ISBN978-4-7885-1233-7　C1011

好評関連書より

アクションリサーチ
実践する人間科学
矢守克也
A5判288頁 本体2900円

臨床心理学研究法第1巻
心理学の実践的研究法を学ぶ
下山晴彦・能智正博 編
A5判368頁 本体3600円

臨床心理学研究法第2巻
プロセス研究の方法
岩壁 茂
A5判252頁 本体2800円

臨床心理学研究法第7巻
プログラム評価研究の方法
安田節之・渡辺直登
A5判248頁 本体2800円

ワードマップ **社会福祉調査**
企画・実施の基礎知識とコツ
斎藤嘉孝
四六判248頁 本体2200円

ワードマップ **防災・減災の人間科学**
いのちを支える、現場に寄り添う
矢守克也・渥美公秀 編著
近藤誠司・宮本 匠 著
四六判288頁 本体2400円

ワードマップ **質的心理学**
創造的に活用するコツ
無藤 隆・やまだようこ・
南 博文・麻生 武・サトウタツヤ 編
四六判288頁 本体2200円

ワードマップ **安全・安心の心理学**
リスク社会を生き抜く心の技法48
海保博之・宮本聡介
四六判256頁 本体1900円

新曜社

＊表示価格は税を含みません。